70歳の新人施設長が見た

介護施設で本当にあったとても素敵な話

医師・エッセイスト
川村隆枝
Kawamura Takae

アスコム

プロローグ

最近、私は愛犬ポロとよく散歩に出かけるようになりました。

実は、運動療法です。先日、健康診断に引っかかったからです。

もう七〇歳ですから、元気だといってもどこか身体に不具合は生じます。だからといって、ぼんやりとするつもりはない私です。


昨年の三月までは、国立病院機構仙台医療センターの手術室を預かる責任者でした。その職を終えた私は、次のステージに、それまで突き詰めてきた麻酔科とは全く異なる環境を選びました。

七〇歳を間近にして、未経験の分野にチャレンジ、つまり、よちよち歩きの赤ん坊に戻ることにしたのです。


今の私の仕事は、介護老人保健施設たきざわ（以下、老健たきざわ）の施設長です。

プロローグ

七〇歳にして飛び込む別世界。私一人であれば、二の足を踏んでいたかもしれません。私の背中を押してくれたのは、今は亡き、夫の川村圭一でした。

二〇一三年、彼は脳出血と脳梗塞を発症して左半身麻痺になり、寝たきりに近い車椅子生活を余儀なくされました。

自宅、介護施設、病院、そしてまた介護施設。彼の身体に変化が訪れる度に環境を変えながら、私たちの闘病生活が五年目を迎えた二〇一八年一一月。身体の芯に染み込んでくるような寒さを感じた早朝、何の前触れもなく、彼は旅立っていきました。

その前日の夜、いつものように私の携帯電話には彼からの連絡が入りました。話したのは、ホノルルマラソンに二度目の挑戦を決めた友人のことです。

「応援に行く。切符は取れているよな？」

「今、お願いしてるところ。ホテルは予約したけど、飛行機がキャンセル待ち。車椅子専用の席がいっぱいで」

「そうか……」

「まだ分からないわよ。もし取れなかったら、来年ね。一カ月でも二カ月でも二人でゆっくり行きましょう」

「そうだな」

特別なことを話したわけではありませんでした。でも、それが最後の会話になりました。

独りぼっちになった私には、いろんな出来事が後悔と一緒に湧き上がってきました。彼の表情や言葉、雰囲気から何か気づけなかったのか。施設のスタッフはもう少し早く彼の変化が分からなかったのか。

どうしようもない後悔が心の中で空回りしていきます。

糖尿病で腎機能が低下していた彼の状態が落ち着いたのを見計らって、私の故郷・島根県出雲で暮らす母に週末を使い、会いに行ったのも後悔しました。

彼は快く送り出してくれましたが、それが二人で過ごせたはずの最後の週末になってしまったからです。

そんな私を救ってくれたのが、部下の鈴木朋子医師の言葉です。

「最後に夫として、男として、優しさを示されたのではないでしょうか。先生は、悲しむより感謝をされたほうがいいのでは？」

その言葉が胸にすーっと入ってきた瞬間、少し前を向けた気がします。

強い味方だった夫はこの世から解き放たれましたが、私はまだ、この世界の中で生きています。

だから、私は、介護施設の施設長という新たな場所に、自分一人で足を踏み入れることを決めました。

夫と同じように闘病生活を送る入所者はもちろん、私と同じように入所者を見守りながら様々な感情を抱いている家族に何かができれば、という思いからです。

施設長に就任後、介護についていろいろなことを学び、貴重な経験を重ねてきました。

知識や経験が増える度に思います。

もし、夫が生きているときにこの知識があればもっと適切な治療ができたのではないか。この経験があれば、もっと夫に寄り添った接し方ができたのではないか。

介護は誰も、他人事とはいえない時代になりました。

自分、または家族の〝もしも〟のときに予備知識があれば、よりいい対処法が見つけられるかもしれません。

そのために、施設長に就任して得たものに夫と過ごした五年の介護生活を含めながら、『介護』について私なりに考えたこと、感じたこと、気づいたことを書いてみたいと思います。

何か一つでも、みなさんが抱える介護の手助けになれば幸いです。

プロローグ

もくじ

第2章 介護施設へ「行ってらっしゃい」 55

第3章 知ってほしい「介護予防」という考え方 103

第1章

介護施設の素敵な面々

介護スタッフは芸人揃い

六月某日、老健たきざわのデイルーム（娯楽室）に、威勢のいいアナウンスが流れてきました。

「六月のお誕生会の余興は、『チャグチャグ馬コ』の見学で〜す！」

『チャグチャグ馬コ』は、毎年六月の第二土曜日に行われている盛岡の伝統行事。

色とりどりの装束をまとった一〇〇頭ほどの農耕馬が、馬の守り神とされる岩手県滝沢市の鬼越蒼前《おにこしそうぜん》神社から盛岡市の盛岡八幡宮まで、約一四キロを〝チャグチャグ〟と鈴の音を響かせながら練り歩いていきます。

「でも、残念ながら、新型コロナの影響で中止になりました」

続けてアナウンスされた「新型コロナ」「中止」の言葉に、デイルームに集まっていた入所者から、何とも言えない溜め息が漏れました。

私も楽しみにしていましたが、状況を考えると、中止は仕方がありません。例年、『チャグチャグ馬コ』には、県内外から一〇万人前後が訪れます。コロナ禍で密閉・密集・密接の三密を避けなければならないときに、そんな大規模イベントを開催できるわけがありませんから。

しかし、外を練り歩くパレードは中止になっても、それで終わりにしないのが、老健たきざわのスタッフたちです。

しばらくすると、再びアナウンスが流れてきました。

「通りのパレードが中止になったので、ここに呼んでみましょう！」

デイルームがざわつき始めたところで、『チャグチャグ馬コ』のにぎやかな民謡が流れ始め、五頭の馬がデイルームに入ってきました。

本物の馬ではなく、介護スタッフが演じる被り物の馬?です。

コミカルな動きでデイルームに集まった入所者の間を練り歩き、ときに手作りの糞を落とす。入所者たちは大笑い。

「よー来た！　ここで見れてよかった」

「馬コの頭をなでなでしたい！」

「馬コと一緒に写真を撮りたい！」

入所者はそれぞれに目を輝かせ、無邪気に喜んでいます。

介護スタッフが演じる馬と一緒におどけた調子で練り歩く人もいて、「糞が落ちた！」と掃除用具を持って来たときは、爆笑の渦。

『チャグチャグ馬コ』は、私も楽しみにしていた行事です。

『チャグチャグ馬コがぁ、ものゆうた。じゃじゃもいねがら、おへれぇんせ（馬が言うことには、母親もいないから入っておいで）』

今は亡き夫・圭一が『チャグチャグ馬コ』を見ながら、ほろ酔い加減でいつも口ずさんでいたのを思い出します。歌う度に「これは親がいない隙に恋人を家に呼んで、イチャイチャしようと誘う唄なんだよ」と楽しそうに教えてくれました。

年中行事というのは、その人だけの大切な想い出を鮮やかに蘇らせてくれます。

しかも、老健たきざわの芸達者な介護スタッフは、入所者を楽しませてくれます。

次のお誕生会は七月。

目玉は、毎年八月上旬に行われている岩手県の夏祭り『盛岡さんさ踊り』。しかし、これも新型コロナの影響で中止になりました。ただ、感染対策をすれば、施設内で踊ることはできるはずです。

お誕生会は季節に応じて、『チャグチャグ馬コ』『盛岡さんさ踊り』といったご当地ものからクリスマスにはサンタクロースがやって来て、お正月は餅つきを楽しみます。場合によっては、手品や二人羽織、寸劇といった介護スタッフの企画力で盛り上げることもあります。


介護の仕事は、入所者の健康や暮らしをサポートするだけでも相当ハード。それでも彼らは、行事を開催する度に、本気で入所者を喜ばせようとします。それも介護のひとつだと考えているからでしょう。

介護スタッフは芸達者。老健たきざわに来てはじめて知ったことでした。

介護施設は姥捨て山ではなく、楽園

私は、新人施設長として、桑原美幸師長に初めて入所者の部屋を案内されたとき、軽いショックを覚えました。

寝たきりの高齢者ばかりが目に入ったからです。

「現代の姨捨山《うばすてやま》（※家族の生活を考えて、働けなくなった親を口減らしとして山に置き去りしていたという民話）なのか？」とさえ思いました。

しかし、一年以上経った今、その思いは消え去りました。むしろ、介護施設は入所者にとって楽園ではないかと思っています。

家族と離れて暮らす寂しさはあるかもしれませんが、プロの介護スタッフによって手厚いサポートを受けながら日々を送れるからです。

ただ、一般的には介護施設に預ける側の家族は、罪悪感を抱いています。

預けられる側の入所者も、介護施設に入るのは、家族に見捨てられたと悲観的になる方が多いといいます。

はっきり言いますが、それは誤った考えです。

想像してください。

もし、全介助または一部介助で生活している要介護者が自宅に一人で残された場合、どうなってしまうのか。そして、妻、夫や娘、息子、あるいはその嫁などが一人でお世話しようとしたら、どういう結果を招くのか。


自宅で介護する場合、付きっきりで側にいない限り、食生活は不規則なり、入浴も不十分になります。低栄養と不潔な環境は免疫力を低下させ、生命を脅かすことになります。介護は、とても一人で手に負えるものではないのです。

その点、介護施設には、介護のプロフェッショナルがそろっています。

栄養バランスが考えられた食事、体力と可動域を考慮した適切なリハビリテーションだけでも血糖値や血圧が安定し、体調も上向きになり、それまで服用していた薬が半分以下になる場合もあります。

こう考えるのはどうでしょうか。

よく分からない病気や骨折をしたとき、「家庭の医学」を読みながら、自宅で治療する人はほぼいないはずです。すぐに、病気を治すプロフェッショナルがいる病院へ行きますよね。

要介護者が介護施設に入るとは、それと同じようなものです。

重度の障害があるならば、介護施設でその道のプロが考えるプログラムの下で、療養生活をしたほうがいい。そう考えれば、施設に預けようとする人も、施設で暮らすことになる人も納得できるはずです。

しかも、施設に入所すると、楽しいことが盛りだくさんです。

毎月の行事だけではなく、体調がよければ介護スタッフと車椅子で出かけて、春はお花見、夏は海、秋はお祭り、冬は雪景色を楽しめます。

また、入所者それぞれに栄養コントロールはされるものの、食事も美味しい。

施設の食事といえば、味気ないものをイメージするかもしれませんが、そんなことはありません。例えば、行事に合わせたひな祭りのちらし寿司やクリスマス・ケーキ、季節を感じるデザートなど、栄養士が心を込めた食事は、私も食べたくなるほど美味しいものばかりです。

私は、老健たきざわの施設長になって、介護施設は介護を必要とする人たちの楽園なんだなと実感しています。

だから、毎月のお誕生会で、いつもこの言葉を口にしています。

「これからも今を大切に。楽しいことがたくさんありますように」

わがままも、イラ立ちも受け入れる

介護施設には、さまざまな入所者が暮らしています。

ときには、予期せぬ行動で私たちを驚かせることがあります。

例えば、いきなり食事をしなくなった藍沢さん。

スタッフからは、ときおり幻覚を見ているという報告を受けていましたが、食事を拒否するようになるとは予想もしていませんでした。

「飲み物は？　薬も飲まないの？」

半ば諦めの表情を浮かべる桑原師長を見て、察しはつきました。

「じゃあ、点滴で水分補給だけでも」

「それもダメだと拒否しています」

まるで駄々っ子です。

だからといって、無理やり点滴をしたり、食事を摂ってもらうわけにはいきません。

こういうときはしばらく様子を見るのがベスト。藍沢さんは、お茶を二〇〇cc飲んだところで、点滴を受けつけてくれました。

「トイレから帰る途中に動けなくなって、自分でまずいと思ったらしいですよ」

そんな彼女の姿を見逃さずに、「水分補給をしましょう」と、藍沢さんに声をかけたスタッフの手際のよさは見事でした。

そのすぐ後でした。藍沢さんが私に話をしたいという連絡が入りました。今度は何をしようと考えているのかな。

早速、部屋を訪れると、藍沢さんは申し訳なさそうな表情で話しかけてきました。

「すべて自分のわがままでした。だから、川村先生に謝ろうと思って。初めて会いますけど、本当にすみませんでした」


実は藍沢さんと私は何度も顔を合わせています。でも、認知症で忘れてしまっているのです。だからといって、彼女の言葉を否定すると混乱するだけ。彼女は私と初めて会っていると思っているのですから、そのまま受け入れてあげることです。

「大丈夫ですよ、藍沢さん。はじめまして。施設長の川村です。また何かあればお話ししましょうね」

これで、すべて丸く収まります。


入所者が日々、何を思いながら暮らしているのか。何に安らぎを感じるのか。

私たち介護施設の人間は、常に想像する必要があります。

入所したばかりの頃の馬場さんは、いつも不機嫌でした。

馬場さんは八四歳。認知症と診断されてから誤嚥《ごえん》性肺炎を繰り返し、老人性うつ病やパーキンソン病を発症し、自力で食事ができなくなったところで入所してきました。

不機嫌だったのは、七五歳まで畑仕事ができたのに、思うように体が動かせないことに、イラ立っていたのかもしれません。


馬場さんに近づいただけで、怒鳴り散らされたスタッフもいたようです。

わかりやすい八つ当たりですね。

だからといって、馬場さんのイラ立ちをそのままにしていると、スタッフがサポートをしづらいのはもちろん、馬場さん自身も楽しくないはずです。

そこで桑原師長が入所前に手に入れた情報を使いました。


老健たきざわでは、入所前には必ず、入所者のことを家族に聞くようにしています。

そこで得た情報によると、自宅にいた頃の馬場さんの趣味は、歌と踊り。

「ここでも音楽を聴かせてあげたいですね」

「機嫌が悪くなったら、音楽で落ち着くかもしれません」

そんな話を聞いていたので、入所するときに、馬場さんお気に入りの曲を用意してもらっていました。

結果は、家族の言う通り。

大好きな曲が流れ始めると、馬場さんは気分が落ち着いたようで、怒鳴り散らすことは少なくなっていきました。

ときには人生の先輩に癒されたい

私たちが、入所者に癒されることもあります。

その日、回診を終えた私がナースステーションに顔を出すと、入所者の倉田さんが、椅子に座って一心にぬり絵を楽しんでいました。

その姿は何だか懐かしく、微笑ましいものがあります。

ぬり絵は自分のペースで取り組めて、手軽に始められるので高齢者のレクリエーションの一つとして推奨されています。

指先を使うので脳が刺激されるだけではなく、ぬり絵の題材には春、夏、秋、冬の季節感を感じられるものがあり、屋外に出られない入所者にとって気分転換にもなるからです。


「お上手ですね」

私は倉田さんに声をかけてみました。でも、返事はありません。

「倉田さんは耳が遠いんです。川村施設長、もう少し大きな声で」

スタッフのアドバイスに従って、もう一度大きな声で。

「お上手！　お花の色がとてもきれい！」

しばらくの静寂の後、倉田さんは顔を上げて、ニコッと笑ってくれました。

私の大好きだった祖母に似た、とても上品で優しい笑顔。子どもの頃に、私がぬり絵で遊んでいるのを見守ってくれていた祖母のことを思い出しました。

その日から私は、倉田さんのことを『ぬり絵のきみ』と呼ぶようになりました。

私は、入所者が口ずさむ歌にも癒されています。歌っているのは多くが女性で、ジャンルは童謡、子守唄、昔の歌謡曲。なぜ、童謡や子守歌が多いのか、私なりに考えてみました。

乳幼児にとっての子守歌は、音と肉体的刺激によって文化的なものを取り入れる重要な経験であることが分かっています。母親の腕や背中に抱かれながら伝わる、子守唄の心地いいリズムと歌声が、子どもの心を育てるのでしょう。

子守唄を口ずさむ入所者は、その頃のことを思い出しているのかもしれません。口ずさんでいる人たちは、おそらく幼い頃に母の愛をしっかりと感じ取った幸せな人なのでしょう。

ところが、私の故郷、島根県の出雲に帰省したとき、義妹に、「年をとると子どもに返るって本当だね」と施設での子守唄の話をしたら、ピシャリと否定されました。「それって仕事やしがらみから解放されて、本当に好きなことをしている感覚で歌を口ずさんでいるんじゃないですか。子どもに返るというより、子ども心を取り戻しているというか。

第1章

介護施設の素敵な面々

そういう人を子ども扱いする人がいるでしょ。どうかと思うんですよね」

その通りだった。

私も、高齢者に対して、まるで幼児に話しかけるように話す人は失礼だとかねがね思っていたからです。長く社会に貢献してきた人に対して無礼極まりないと。そういえば、うちの施設で、「自分の孫でもない人に、おばあちゃんと呼ばれる筋合いはない」と憤慨した方もいましたね。私も賛成です。

今どんな病気や障害を抱えていても、何年、いや何十年も人生の先輩ですからね。

介護のプロは、パジャマ一枚でも簡単に破かない

「おはようございます！」

施設内に響き渡る、桑原師長の明るく元気な声。

老健たきざわの一日は、そんな師長の声で始まります。

彼女は、寝たきりの人、意識のない人、認知症の人など、入所者全員分け隔てなく

声をかけながら朝を告げていきます。

しかも、彼女の声には不思議な力があります。

声の出ない人も、言葉が話せない人も、目を閉じている人も、意識がはっきりしていない人も、彼女の声にはしっかり反応するのです。

私が声をかけても無反応なことが多いのに……。

彼女だけではありません。

うちの介護スタッフは、常に入所者の幸せに目を向けて工夫することを惜しまない優秀な人ばかり。

例えば、自力で食事ができなくなり、鼻からチューブを挿入して栄養を摂る入所者がいます。

しかし、ずっと異物を挿入されていたら鼻がムズムズしてくるもの。

それに耐えられず、チューブを抜き取る人がいます。ただ、チューブを抜いてスッキリするのは、ほんの一瞬だけ。自力で栄養を摂れないので再挿入することになり、挿入時には痛みがあるだけではなく、吐き気も感じて辛いはずです。

そう思っていましたが、抜き取るのは認知症の方が多く、再挿入の辛さを忘れているようです。


だからといって、そのままにしておかないのが、うちの介護スタッフ。

「チューブを抜き取らないように、可愛いぬいぐるみをいつも抱いてもらったり、手袋をしてもらったりしています。その手袋には、スタッフがいろいろ工夫を凝らしているんですよ」

師長はそう言って、手袋をした入所者の一人を指差しました。

五本の指にそれぞれ人形の刺繍が施されています。

「にぎやかで可愛くて、何だか声をかけてきそうな手袋ね」

その入所者だけが使い、その入所者だけに意味がある一点ものの手袋。

完成までの苦労を考えると頭が下がります。

そうした入所者の情報は、ほぼ毎日、カンファレンスのときに共有しています。カンファレンスは入所時に立てた診療計画を確認しながら、入所者一人ひとりについて検討するのがメイン。メンバーは、医師、看護師、介護福祉士、管理栄養士、ケアマネージャー、相談員、リハビリテーション科からは作業療法士あるいは理学療法士が参加します。

毎回、意気込みが感じられて、とても心地いいカンファレンスです。

そんな介護スタッフのプロ意識を痛感した出来事がありました。

毎朝、私の部屋には事務部長の吉田隆幸さんが報告書を持って来ます。その報告書で私が注目するのは、インシデント報告です。

現場で事故につながりかねないハッとした出来事がまとめられたもので、類似する出来事の再発を未然に防止するのが主な目的であり、責任者、つまり私が常に注意しなければならないものです。

その日、私は、一つのインシデント報告が理解できませんでした。

『介護の必要な入所者を車椅子に移乗させる際、パジャマを破いた』

どう読んでも、私には反省文としか思えなかったからです。

「これって、仕方のないことじゃない？」

「いいえ、インシデントです」

「本当に？」

「本当です」

当然という表情で、吉田さんは答えます。

私はその表情を見ても理解できず、衝撃的でした。

私は、夫を自宅介護していたことがあります。そのとき、二四時間体制でヘルパーさんを依頼していましたが、車椅子に移乗させるときに何度もパジャマを破かれました。パジャマのズボンの上部を掴んで移動させるので、当時の私は破れるのは当然で、そういうものだと思っていました。

それなのに……。

「これって……、普通のことじゃないの？」

夫のために何度も買ったパジャマを頭に浮かべながら、もう一度だけ吉田さんに聞いてみました。

「パジャマの端を持って入所者様を立たせたり、車椅子に移乗させるというのは介護の技術にはありません。しっかり技術を学んだ介護スタッフであれば、きちんと身体を支えて移動させるので、パジャマが破れることはないんです」

吉田さんの至極冷静な答えを聞きながら、私には一つの疑問が浮かんでいました。

それは、ヘルパーさんと介護士の違いです。

基本的に、ヘルパーさんは、老衰や心身の障害などの理由で日常生活に支障のある高齢者や障害者の家庭を訪問し、家事代行サービスや身体の介護を提供する人のことを指します。そこに資格の有無は関係ありません。

一方で、介護士は、介護福祉士と呼ばれる社会福祉専門職の介護に関する国家資格を取得しています。要するに、介護福祉士は介護のスペシャリストとして様々な技術を学んでいるというわけです。

老健たきざわの介護スタッフは、ほとんどが介護福祉士の有資格者。

つまり、介護に関してはプロ中のプロ。パジャマ一枚でも破いてしまったら事故だと考えていたのです。

そういう人たちが、ここの入所者を守っているのかと思ったら、いつものように明るく入所者と接する介護スタッフたちが誇らしく思えて、うれしくなってきました。

介護施設を楽園にできる女性、できない男性

介護施設を楽園ととらえられるようになるのに時間がかからないのは、どちらかというと女性です。

例えば、私の知人である高橋さんは、脳卒中による重度の麻痺と言語障害のリハビリ目的で介護施設に入所したことがあります。

最初は雰囲気も暗く、言葉が上手く伝わらないもどかしさを感じているように見え

ました。しかし、何度も面会に来て粘り強く励ます高橋さんの夫のおかげなのか、少しずつ笑顔が戻っていったのです。

それから数年後、ある食事会に夫婦で出席している高橋さんと再会しました。姿勢よく車椅子に座った彼女は、ゆっくりと私に話しかけてきました。しっかり耳を傾けようと思いましたが、そんな必要はありませんでした。入所した頃とは比べものにならないほど、彼女の言葉は力強かったのです。

私はその上達ぶりに驚くと同時に感動しました。

「すごい回復です。頑張りましたね、リハビリ」

「はい、ありがとうございます」

そう言って微笑む高橋さんの表情がとても印象に残っています。

彼女の笑顔の裏には過酷な時間があったはずです。

しかし、彼女は「もう一度、自宅で夫に料理を作ってあげたい」と麻痺していない左手で猛練習したと聞いています。並大抵の努力ではできないことを彼女はやり遂げていました。

一般的に女性は男性よりも強い。

出産、子育てという大業のなせるわざなのか、いざというときにあまり動じることがなく、やるべきことをひたすらやり続ける精神的な強さがあります。その強さが、地道な積み重ねになるリハビリを乗り越えられる要因なのかもしれません。

彼女の努力が実を結んだポイントはもう一つあります。

それは、ハッキリとした目的があったことです。

それが自分よりはるかに年下の介護士、言語療法士、リハビリ訓練士から素直に教わる姿勢につながったのでしょう。

目的があれば強くなれる。高橋さんの笑顔を見て、確信しました。

高橋さんとは逆に、施設をなかなか楽園にできない人は、男性に多いようです。特に、社会的地位が高い仕事をしていた人ほど、その傾向が強くなります。

高橋さんと同じような症状で入所した江川さんは、数年経っても症状は変わりませんでした。目的がなかったのもありますが、高過ぎる自尊心も災いしたようです。入所時の認知機能テストを拒否しただけではなく、リハビリ中は目を閉じたままリハビリスタッフと言葉も交わさず、言語療法に見向きもしませんでした。

「あんな若いやつらに教えてもらうことはない」

しかも、周囲でサポートする介護スタッフまで全員敵に見える有り様。これでは快方に向かうはずもなく、江川さんはいつも不機嫌でした。

病気で倒れるまで自信を持って生活していた人が、突然介護される側になるショックの大きさは、計り知れないものがあると思います。

その状態が続けば、さらに落ち込むのも無理はないでしょう。

しかし、以前の肩書などは、介護施設に入ってしまえば関係ありません。過去のことは一切忘れて、年下のリハビリスタッフからでも教わる素直さが肝心だと私は思います。

簡単にリハビリは結果が出ないものですが、高橋さんのように目的を持ってやるべきことをやり続けていけば、しっかりと前に進めるのもリハビリです。

介護施設を楽園にする秘訣が五つあります。
①捨ててしまおう、肩書と価値観。
②何をやりたいか、目的を明確に。
③年下でも介護士、言語療法士、リハビリ訓練士に教わる素直さ。
④自分の今をしっかりと把握。
⑤そして、最愛の人のために頑張る。

諦めるのはとても簡単なこと。
そのときに一番損をするのは本人だというのを覚えておいてください。

ロボットスーツ・HALが来た

その日、老健たきざわの夜は少し騒がしくなりました。
九〇代後半の二村さんが一人で脱走を試みて、玄関先で保護されたからです。人はいくつになっても、やんちゃなことをするものです。

その後も同じことが数回繰り返され、私たちは家族からクレームを受けることになりました。

「対策を考えてください。玄関に防犯カメラを取り付けるとか」

二村さんの部屋は四階。エレベーターを操作して一階に降り、外に出るとは誰も想像していませんでした。二村さんは、よほど外に出たかったのだろうなと思いました。

問題はそこです。

私は、防犯カメラで行動を制御する前に、二村さんはどうして外に行きたかったのか考えてみることにしました。

外の景色を楽しむだけなら、老健たきざわの大きな窓からで十分です。特に、桜が咲き揃う春の景色は、見応え満点といってもいいでしょう。でも、二村さんは、太陽の下に出て、外の空気に触れたいと思ったようです。

二村さんは散歩したかっただけなんだ。

そう思った私は、家族が来られたときに、こう提案しようと思いました。

「顔を出されたときは一緒に散歩に出かけてください。そうすれば脱走なんて考えなくなられるはずです」


私がそう思ったのは、二村さんの気持ちが痛いほど分かったからです。

今は亡き夫は脳卒中で重度の左半身麻痺になり、一人では寝返りも打てず、車椅子に乗るのも介助が必要になりました。彼の楽しみは外出すること。特に、週に一度、自宅に帰るときは、とてもうれしそうな表情を浮かべていました。

自宅でなにをするのかといえば、テレビを観ながら、マカダミアナッツをつまみにビールやジャック&ソーダ（ジャック・ダニエルのウイルキンソン・ソーダ割り）を飲むだけ。

ただそれだけでしたが、自宅で過ごす彼の姿を見ているだけで、私は幸せな気持ちになったものです。


夫の願いでもあった「もう一度、自分の足で散歩したい」という入所者の夢は、もうすぐ実現するところまできています。

その話を最初に聞いたのは、夫がまだ闘病中の頃でした。

以前から知り合いだった衆議院議員・野田聖子さんに会ったときのことです。話の中で夫のリハビリが進まないことを伝えると、野田議員が提案してこられました。


「HALを使ってみたら？　きっと、歩けるようになるわよ」

「ハ・ル？」

「H・A・L、ロボットスーツ」

「テレビで観たような気がします。脳梗塞で二〇年ぐらい歩けなかった人が、それを使って何十年ぶりかに歩いたとか。まだ実用化されていないと思っていました」

「それが実用化されていて、一部保険適用にもなっているのよ。開発者の先生を紹介しましょうか？」


紹介いただいたのは、HALの開発者である山海嘉之《さんかいよしゆき》先生。

山海先生は工学者であり、サイバーダイン株式会社の創業者兼CEO、筑波大学教授、筑波大学サイバニクス研究センター研究統括、内閣府最先端研究開発支援プログラム「健康長寿社会を支える最先端人支援技術研究プログラム」中心研究者など、とても忙しくされている方です。

日本と海外を行き来して活躍する超多忙な方だと知り、本当に会えるのかと危惧していましたが、夫のためにもぜひ会いたいと切に願いました。

そのときは間もなく訪れました。

山海先生の秘書から連絡があり、お会いできることになったのです。

夫の状態を話すと、立て板に水のごとく1時間以上もかけてHALについて説明していただきました。

ロボットスーツ・HAL（Hybrid Assistive Limb）は、身体機能を改善・補助・拡張・再生することができる世界初の装着型サイボーグ。バッテリー駆動で、装着した人が立ち上がったり、座ったり、歩いたりする日常の動作を助けてくれます。

これなら、体に障害を負って思うように動けない人が、自由な動きを取り戻せるかもしれない。素晴らしい！

もちろん、ＨＡＬはまだ高額なものです。そんなロボットスーツが誰でも手に届く商品になったら、どれだけの人が笑顔になれるでしょう。

それだけではなく、ＨＡＬは介護する側にとっても強い味方になります。

例えば、介護スタッフが高齢者を立たせたり、支えたり、抱き上げたりするのは技術があっても、なかなかハード。そこにＨＡＬの力を借りれば、らくになるのは間違いありません。

残念ながら、私の夫はその恩恵を受けることなく急逝しましたが、歩きたくても歩けない人たちが、もう一度日本の美しい大地に自分の足で立ち、思い切り深呼吸する。

そんな幸せな未来が、もうすぐそこまで来ています。

最期は、安らかな顔で

老健たきざわの入所者の要介護度（介護の必要性を五段階で分けたもの）は、四〜五。重度者が多いため、施設が人生最後の場所になることも少なくありません。

私たちは、入所者の体調が悪化すると、家族を呼び、命の終焉《しゅうえん》が近いことを伝え、延命処置の有無について意向を聞きます。

「静かに看取りたい。だから、延命処置は不要です」と、入所前はそう答えた家族も、いざというときはやはり悲しさを堪えることができなくなります。

それは、「ご臨終です」と伝える私たちも同じです。

これればかりは、何度経験しても慣れることはありません。これからも永遠にこの思いは続くと思います。そんな私たちにとって救いなのは、ほとんどの方が、安らかな顔で最期を迎えられることです。

そして、この世に別れを告げた方たちは、遺された人たちに様々なものを置いていきます。

最たるものは、相手と過ごした時間です。

忘れようとしても、容赦なく記憶は浮かんできます。笑っていた顔、喜んでいる顔、怒っていた顔、悲しんでいる顔。叱られたこと、誉められたこと、悲しませたことなどが懐かしくも切なく思い出されます。

そして、涙が止まらなくなる。

人は誰でもいつかは死ぬとわかっているはずなのに。


私は、最愛の父と夫に別れを告げましたが、無念なことに、私は二人の最期に居合わせることができませんでした。

父を失ったときは、その無念さと死に立ち会えなかった自責の念に耐えられず、今までにない喪失感と絶望から身動きできないくらいでした。一〇年以上が過ぎて、やっと眠れるようになった頃、今度は夫と別離することになります。

突然の悲報に、私は言葉を失いました。

とても寂しがり屋だった人が、誰にも看取られず一人で逝ってしまったのです。

医師のくせに、夫の状態を想定できなかったことをいまだに悔やんでいます。寂しさと悲しさで嘆いていた私に、母はそっと言いました。

「これは寿命よ。今は悲しいと思うけど、日にち薬で心を癒しなさい」

日にち薬。時間の流れが悲しい感情を少しずつ和らげてくれるというものです。

確かに、ほんの少しですが、私は前を向けるようになりました。

そして今、私は夫と出会ったことに感謝して、たくさんの思い出を心に残してくれた彼の分まで私の人生を有意義に生きようと思い始めています。


そんな過去がある私には、家族に見守られて旅立つ人が幸せに映ります。

だから私は、臨終を伝えると、静かにその場を後にします。

「長い療養生活でしたが、ご苦労様でした。安らかにお休みください」と心の中で祈りながら。

第 1 章
介護施設の素敵な面々

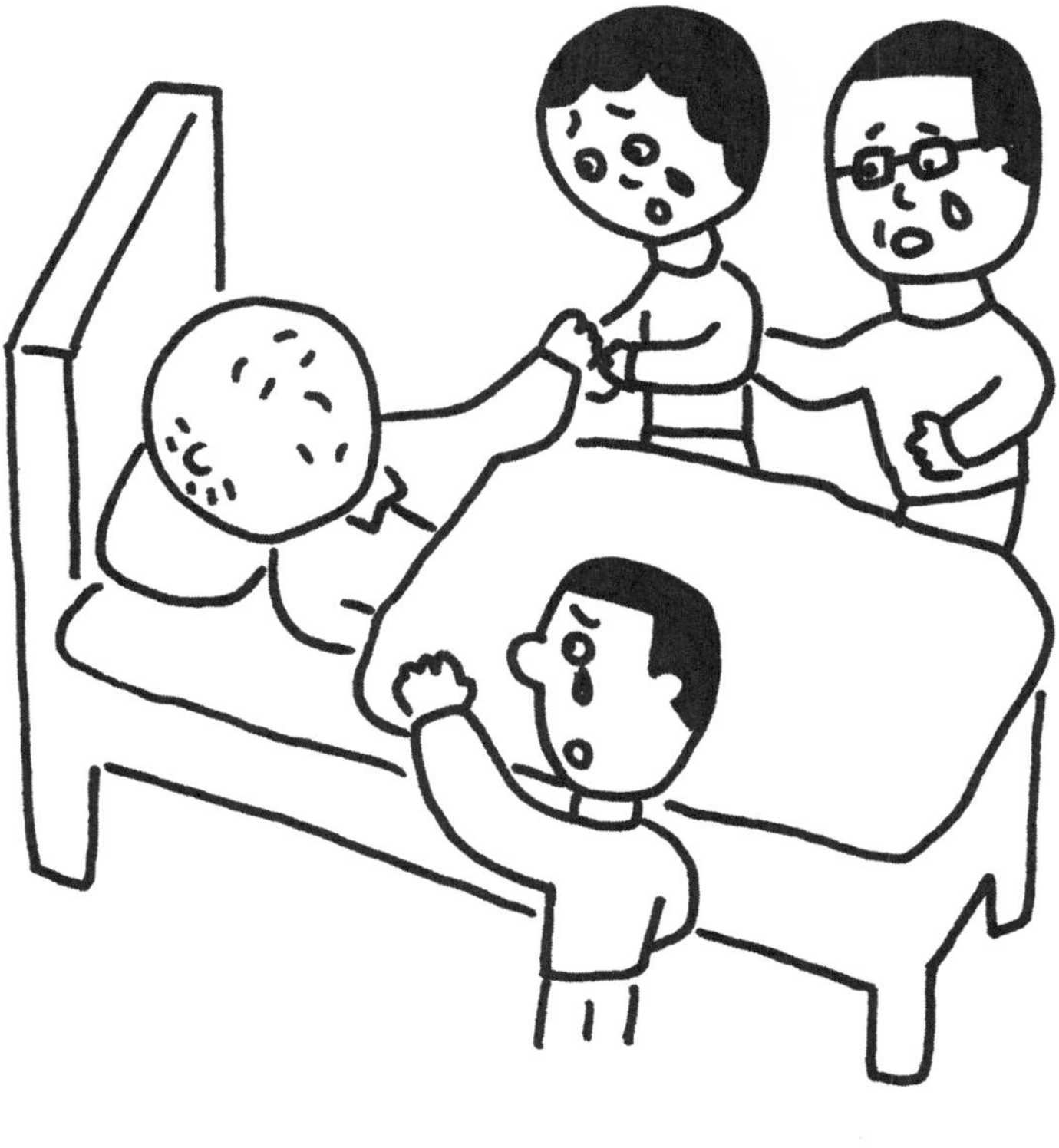

遠く離れた場所で、一人で逝かせたくはない

「食が細くなりました」

朝の回診時、師長の誘導で私は九二歳の橋本さんのベッドに近づいていきました。

橋本さんは点滴を受けながら静かに目を閉じています。


「具合、どうですか？」

私の問いに、橋本さんはしわくちゃな顔面をさらにしわくちゃにして首を振ります。

具合が悪いのか、悪くないのかよく分かりません。

「朝は食べました？」

橋本さんは目を閉じたまま、再び首を振ります。

「食べないと力が出ないですよ。デザートだけでもどうですか？」

「……、何かは食べる」

面倒くさそうに言う橋本さん。気が向いたら好きなものを食べるからという意味な

のだと私は考えました。

部屋を出ると、師長が私の指示を仰ぐためにピタリと横につきました。

「このまま食が細くなったら、経管栄養が必要ね」

「分かりました。準備しておきます」


経管栄養は飲み込む力が低下して自力で食事ができなくなったり、橋本さんのように食が細くなってきた人のために別の方法で栄養を摂ってもらう処置です。

方法は二つ。鼻からチューブを挿入するか、胃に穴を開けて、直接栄養を送り込む装置をつけるか（胃ろう）。


チューブは、ゼリー状の局所麻酔薬を塗ることでチューブを鼻腔から挿入するときの痛みが少なく、挿入してからの負担も少なくてすみます。

ただ、手を動かせる人は無意識にチューブを抜き取ってしまうので、何度も再挿入するぶんの手間はかかります。

胃ろうの場合は、全身麻酔による手術のリスクが伴います。

高齢者は高血圧や糖尿病、心臓病など持病のある人が多いので、リスクが高い方法といえます。しかし、手術を無事に終えれば、よほどのことがない限り外されることはありません。

橋本さんはどちらを選ぶのか。

「ご家族はチューブも胃ろうも希望されていません。点滴のみを希望されています」

理由は、痛い思いをさせたくないか、経済的負担が大きいかでしょう。この選択で私たちにできるのは、点滴で水分補給をするだけ。栄養を投入できないので、当然少しずつ弱っていくことになります。

それはとても悲しいことだと思う私は、いつも最後の望みを懸けて、もう一度だけご家族に相談してみるようにしています。

面談の結果、橋本さんは、鼻からチューブを挿入して栄養補給をすることになりました。人の気持ちは状況によって変わるものです。その都度、相談しながらベストな選択を探ることが大切だと思っています。

だからこそ、私は常に考えています。

人は何のために生きるのか？

生きるとは何なのか？

身体は動かず、寝たきりで自分の生死も決定できない人間を医学の力で生き長らえさせていいのか？

それは神様が与えた自然の流れに逆らうものではないだろうか？

Ｗｈｏ ｋｎｏｗｓ？（誰も分からない）

私が一つ提案するならば、入所者が元気なときに「もしも」の場合について記してもらうことです。今回のような場合は、「胃ろうを希望」「胃ろうはいらない」「自然のままでいい」など。

「でも、人って気が変わるものでしょ。一年ごとに更新する保険証の裏に書いておくのがいいかもしれないわよ」

私の友人が言ったことです。それはいいアイデアだと思いました。

私とご家族との最後の面談で、橋本さんのように処置が変わる人もいれば、変わらずに点滴のみを選択される家族もいます。それが入所者の希望であったとしても、ご家族は何となく後ろめたい気持ちになるでしょう。そういうときは、私はご家族に対してこう伝えています。

「少しでも意識のある間に、会いたい人に会わせてあげてください」

私は突然、何の前触れもなく夫の死を告げられました。

とてもショックで、言いようのない怒りがこみ上げてきました。

今でもその感情から抜け出せていない自分がいます。そういう徴候があるともう少し早く知らせてもらえたら、もっと優しくして、もっとたくさん話して、絶対にそばから離れませんでした。絶対に一人寂しく逝かせなかったはずです。

自分が施設長を務めるこの施設では、家族にそんな思いをさせたくありません。

だから、別れの時期が近づいて来たら、早めにご家族に知らせるようにしています。

第2章

介護施設へ「行ってらっしゃい」

介護施設へ「行ってらっしゃい」

脳出血や脳梗塞を発症した人は、まず病院で急性期を乗り越え、約三カ月のリハビリを終えると、自宅で暮らすか介護施設に入所するかを選択します。

ほとんどの人が住み慣れた自宅に帰りたいと思うはずです。

家族もそうしたいと考えるのが普通でしょう。

私も夫が倒れたとき、自宅介護を望んだ一人です。

しかし今は、早い段階で介護施設のお世話になっておけばよかったと後悔しています。当時は、施設には、優秀な介護のプロフェッショナルが揃っていることを知らなかったからです。

夫は左半身麻痺に加えて、糖尿病と高血圧の持病を抱えていました。

しかも重症です。当然、主治医は「自宅介護は無理です」と断言しました。しかし、夫は納得しませんでした。

「どうしても自宅に帰りたい。自分でできることは何でもするから」

懇願する彼の姿を見て、私も家に連れて帰りたいと思いました。

しかし、それが間違いの始まりでした。ベッドから車椅子に移るのも二人がかり、食事も排泄も全て介助なのですから。

ひとまず自宅に戻ることになりましたが、それからが大変な日々でした。

まず二四時間体制で介護していくために、義妹の助けを借りるだけでは人手が足りず、ケアマネージャーに相談しながら人集めに奔走しました。

ありがたかったのは、ケアマネージャーの手腕が見事だったことです。彼女の助けがなかったら、人を確保できたかどうか分かりません。

人はどうにか集まりましたが、相当な費用がかかります。私は、それまで以上に一生懸命働きました。元来、働くことが好きだった私は、少々疲れが溜まっても全く苦だとは思いませんでした。

それよりも、寝たきり状態に近い夫を何とか歩けるようにしたい、という思いで日々を過ごしていました。

私は一心不乱に働くだけでしたが、自由に動けない彼は、とても辛かったと思います。主治医の説明通り、症状は想像以上に重いものでした。不眠による昼夜逆転、食事の偏り、便秘に悩まされて、訪問看護師を頻繁に呼ぶことになりました。

「もっと重症な人がいるんですよ」

何度も文句を言われましたが、当然の話です。


そんなある日、ヘルパーさん不在で私が車椅子に移るのを手伝ったのですが、二人で転んでしまいました。ヘルパーさんは慣れているので簡単そうに見えましたが、素人の私には不可能だと身に沁みて分かった瞬間です。

身動きが取れない夫はもっと怖かったと思います。それからは私に頼らなくなったのがその証拠です。だから、私はひたすら経済援助をしようとしゃにむに働きました。

帰宅して数カ月が経ち、思うように回復しないことに、夫はイラ立ちを覚えて精神的に不安定になっていきました。周囲に対して怒りっぽくなって食生活はさらに不規則になり、幻覚を見たり、幻聴も聞こえたりするようになりました。

さらに膀胱炎、大腸炎、肺炎を繰り返して入退院。誤嚥《ごえん》性肺炎で入院したときは九死に一生を得ましたが、慢性腎不全が悪化して透析を余儀なくされました。


ここまで来ると、さすがに自宅療養は不可能です。

そう悟った私は、介護施設に入所させることにしました。その頃は、夫も素直に納得してくれました。自宅での療養生活がよほど辛かったのでしょう。

入所した介護施設には、看護師も介護士も常在していました。

そのことだけでも安心したのか、幻覚や幻聴はなくなり、よく眠れるようになったようです。驚くべきことに一〇種類服用していた薬も数種類になり、食事療法で血糖管理も良好になりました（自宅にいる頃は、インスリン注射が必要でした）。


食事療法とリハビリだけではなく、規則正しい生活を送れば、体調はよくなり、精神も安定していきます。つまり、要介護者のそばには介護のプロがいたほうが、絶対にいいということです。

夫は介護施設に入所して、倒れてから初めての笑顔を見せてくれました。長い間、私が待ち望んでいた笑顔だったので涙が出るほどうれしかったのを覚えています。

私と一緒に車椅子でデパートに買い物に行ったり、河原を散歩したり、近くの公園で花見をしたり、とても楽しい二人だけの時間を過ごすこともできました。あの頃は、とても幸せな時間だったと今でも思います。

しかし、夫が介護施設に入所するとき、私には介護放棄をするような後ろめたい気持ちがあったのは事実です。

でも今なら、当時の夫に笑顔でこう言えます。

「介護施設へ、行ってらっしゃい！」

必ずそこには、要介護者にとっても、家族にとっても有意義な時間が待っています。

それを知っているからこそ、私は後悔しています。

最愛の人を、もっと早く、笑顔で施設に送り出せばよかったと。

第2章
介護施設へ「行ってらっしゃい」

介護施設は、どこでもいいわけではない

要介護者にとって楽園にもなり得る介護施設ですが、そのタイプはさまざま。何を基準に選べばいいのか。要介護者の状態もあれば、経済的なこともあるでしょう。

そこで、施設長からのアドバイスとして、介護保険サービスで利用できる四種類の公的施設を紹介しましょう。それぞれに違いはありますが、要介護者がどのような状況でも、この四種類のどこかに入所できると思います。

①特別養護老人ホーム（通称・特養）

初期費用がかからず、月額費用が一〇〜一五万円前後と比較的低額なので、待機している入所希望者が非常に多い介護施設です。そのため入所までに数年かかることもあります。

入所は先着順ではなく、要介護度以外に家族状況なども考慮されるほか、緊急度の高い方が優先されます。基本的に、最期まで面倒を見てもらえるので、本人や家族は

安心です。

入所の基準は要介護度三以上。食事・入浴・排泄の介助などの介護サービスを受けることができ、重度の認知症でも受け入れています。

ただ、看護師の夜間配置が義務づけられていないので、医療ケアを常時必要とする場合は対応が難しく、入所できないケースもあります。

②介護老人保健施設（通称・老健）

医療法人や社会福祉法人などが運営する公的介護施設です。病院と自宅の中間的な位置づけだと考えれば、分かりやすいと思います。

自宅で生活するのが難しい要介護度一以上の方を対象に、自宅に帰ることを目指す施設です。そのため介護よりも医療サービスが充実しています。医師と看護師が常駐するほか、薬剤師、リハビリテーション専門の理学療法士、作業療法士、言語聴覚士も配置されているので安心です。

老健の入所期間は原則三カ月。この間に自宅復帰の観点から、特に排泄の自立を重視しておむつを外すためのリハビリが重点的に行われます。そのほかのリハビリ内容は施設によって異なりますが、効果を見ながら三カ月毎に自宅復帰できるかどうかが判定されます。

比較的症状の軽い人も受け入れる施設ですが、現状は入所者の七割が、要介護度三～五の人たち。そのため、多くはリハビリを受けても自力で生活できるまでは回復できず、数年間入所している例もあります。

また、リハビリ期間を終えて自宅に戻っても家族が介護できない場合、別の老健に入所しているケースも少なくないそうです。費用は特養と同様に初期費用は不要。月額料金のみで一〇～一五万円程度です。

③介護療養型医療施設

主に医療法人が運営する介護施設です。

特養や老健に比べて要介護度が高い人、医療や介護の必要性が高い人を対象に受け入れています。

医療機関なので洗濯や買い物などの生活援助系のサービスやレクリエーションはあまり充実していません。ただ、痰の吸引や酸素吸入、導尿カテーテル、経管栄養など専門性の高い医療ケアに関しては万全の体制を整えています。

費用は、こちらも初期費用はなく月額九～一七万円前後ですが、多くは病院が併設されているので、要介護度の高い人や寝たきりの人に適した施設といえるでしょう。

④介護医療院　※新制度

廃止予定である介護療養型医療施設の入所者の転居先として、二〇一八年四月に創設された施設です。二〇二四年までには移行が完了するといわれています。

介護医療院の目的は、要介護状態の高齢者に対して医療・介護・住まいの場を提供することです。

Ⅰ型とⅡ型の二つに分けられ、Ⅰ型は重い病気や認知症を発症している方の受け入れ施設、Ⅱ型は心身状態が比較的安定している方を受け入れる施設になっています。

介護医療院は、診察室や機能訓練室、処置室などの設置が義務づけられているので、要介護度の高い入所者のサポートも可能です。この施設も初期費用は不要で、月額七・六〜一三万円で入所できます。

私が勤務する老健たきざわは、介護老人保健施設です。通常の介護保険施設の機能に加えて、慢性的な症状の療養を行う施設で、医療や看護が必要な方々を中心に、痰の吸引や栄養管理、褥瘡《じょくそう》（床ずれ）の医療措置が必要な方も利用でき、手厚いケアを行っています。

またターミナルケア（終末医療）や看取りにも対応でき、リハビリも実施している施設です。

介護施設の利用を考えている人は、低所得者を対象に居住費や食費の自己負担分を軽減する特定入所者介護サービス費という制度も知っておいて損はないでしょう。

制度の利用対象者は、本人および同一世帯ではない配偶者の住民税が非課税で、配偶者がいない場合は本人の預貯金が一〇〇〇万円以下、配偶者がいる場合は本人と配偶者の預貯金が合計二〇〇〇万円以下の条件を満たしていることが条件になります。

費用がどれぐらい減免されるかは、申請する市区町村が認定する負担限度額認定によって決まります。担当のケアマネージャー、あるいは地域包括支援センターなどに連絡して確認したほうがいいでしょう。

老健たきざわの新米施設長になって私はこれらのことを知り、改めて介護保険料を納付することの大切さが分かりました。

同時に、生活保護受給者または世帯全員が住民税非課税の老年福祉年金受給者など、低所得者にも手厚い保障制度があることに感心しています。

それは犬のうんちだ！

その部屋には、人間のうんちが落ちていました。

「それは犬のうんちだ」

認知症の飯塚さんは平然とそう言いました。

「そんなことないでしょ。バカなことを言わないで！」

そう言って否定すると飯塚さんは怒り出します。飯塚さんは、犬のうんちと思っているのだから、怒るのは当然です。

こんなときは、介護者が「そうですね」と穏やかに言ってあげると、飯塚さんが怒り出すこともなく、平穏無事にその場は収束します。

介護の現場では、普通の価値観は捨てましょう。

そのほうが認知症の行動を受け入れられるので、認知症の人は穏やかに暮らせます。

これは、施設長になって覚えたことでもあります。

認知症は、アルツハイマー型、脳血管型、レビー小体型の三種類。

約六〇％がアルツハイマー型で女性に多く、約二〇％は脳梗塞や脳出血の後遺症として発症する脳血管型で男性に多いといわれます。

脳血管型や重度の認知症を発症すると、多くの人は介助が必要になり、介護施設に入所します。一方で、アルツハイマー型やレビー小体型の人たちはその度合いによって自宅でも日常生活を送ることができます。

人間は認知機能が低下しても残存機能で行動し、たとえ失敗しても失敗を正当化して幸せに生活できるからです。

ただ、そこで不可欠になるのが、家族はもとよりまわりにいる人たちの理解です。

二〇二五年には、四人に一人が六五歳以上の高齢者、五人に一人が認知症を発症しているといわれています。

しかも、国際アルツハイマー病協会（ＡＤＩ）によると、認知症の人は世界中で既に五〇〇〇万人以上、二〇五〇年までには一億五二〇〇万人に上る見込みだといわれています。

現代は認知症と共に生きる時代。そのためにも、すべての人が認知症に理解を深める必要があると私は考えています。

そこで、まずは大きな勘違いを一つ紹介します。

認知症は、脳の神経細胞が壊れて起きる症状や状態をいい、老化による「もの忘れ」とは異なります。

「もの忘れがひどくなった」と焦っている人がいますが、もの忘れは、脳の生理学的な老化です。あまり進行することはなく、何よりも忘れっぽいことを本人が自覚しています。

一方、認知症は症状が悪化していくと判断力が低下するので、忘れたことを本人が自覚しなくなります。飯塚さんのような症状がそうです。そのため、日常生活にも支障をきたすようになるのです。

認知症のことでもう少し話しておきましょう。

アルツハイマー型で認知機能の低下が進んでいくと、小児の発達を逆行するといわれます。

赤ん坊は様々な認知機能を徐々に獲得していきますが、アルツハイマー型の人は育んできた認知機能を一つずつ失っていきます。そして最後には、赤ん坊の状態に近づきながら死を迎えます。

では、赤ん坊の状態は不幸せなのか。

赤ん坊は、愛情をこめて接していれば幸せだと感じているはずです。認知症の方も同じです。愛情のこもったケアを受け、周囲が自分を受け入れてくれる環境ならば、そこには幸せがきっとあるはずです。

先日、友人の一人がこう問いかけてきました。

「これって認知症の始まりかしら？」

「これって、どれ？」

「仕事中のもの忘れ。すごくショックだったのよ。手はいつものように動いたから事なきを得たけど……」

もう一度、書いておきます。もの忘れと認知症は、全く違います。認知症は自分が何かを忘れたことさえ覚えていないからです。

「私だってそんなことはよくあるわよ。同年代の人にもよくあること。単なる老化ね」

「老化、なのね」

「でも、それは自然なこと。あなたも私も年を取ったの。そんなことで思い悩むよりも笑って陽気に生きたほうが免疫力も上がって、老化防止につながるわよ」

「そうね。同じ時間ならそのほうが楽しいわね」

それが一番いい選択。

『笑う門には福来る』ですから。

紫色のおしっこ

ある日のこと、いつものように師長の案内で回診していました。

「尿量が少ないですね。どう思いますか？」

師長が八九歳の鈴木さんの採尿バッグを私に見せました。

「えっ、紫？」

入所者の容体については、いつもは落ち着いて反応する私が、思わず素っ頓狂な声を出してしまいました。

そんな尿は見たことがなかったからです。

彼女には、尿を排泄させるためのカテーテルという柔らかい管が挿入されているので、採尿バッグに尿が溜まります。

そのカテーテルもバッグも、見事に綺麗な紫色でした。

「どこか悪いのかしら？」

私の問いに、師長は平然とした顔で答えを返してきました。

「よくあることです、長期でカテーテルが入っている人は。原因は分かりませんが、紫の尿は鈴木さんだけの話ではないですね」


調べてみると、立派な病名がついていました。紫色採尿バッグ症候群。尿に含まれるインジカンという物質に細菌が入って色素を持ち、カテーテルやバッグを染め上げるというものです。

長く導尿カテーテルを挿入されていたり、慢性便秘や尿路細菌感染が重なったりしたときに多いといわれます。

ただ、尿が紫色に染まっているのではなく、尿に含まれる色素がカテーテルや採尿バッグを紫色にしているというだけです。

当然、治療の対象にはならないので、その背景にある便秘や細菌感染の予防と治療が重要になります。


私の知らなかった病気を学ぶきっかけを与えてくれた鈴木さん。

彼女は大腿骨《だいたいこつ》骨折で手術を受けた後に廃用症候群になり、現在の要介護度は五です。

廃用症候群は、介護の必要な高齢者や脳卒中などで寝たきりになった人に多い症状です。身体を動かす時間が減ることで筋力や様々な臓器の機能が低下し、身体や精神に不都合な変化を起こします。

しかも廃用症候群の進行は速く、特に高齢者はそのスピードが著しいといわれます。一週間寝たきりの状態が続くと、一〇～一五％程の筋力低下が見られることもあります。

さらに気分的な落ち込みが現れてうつ状態になったり、やる気が減退したりするなど精神的な機能も低下していきます。

鈴木さんのことで、あるスタッフからこんな話を聞きました。

「もう年なんだから死んでもいい。いつもそう言っています」

本当に死んでもいいと思っているのだろうか？

先日観ていたあるドラマで、こういうシーンがありました。

お金持ちですが、心を病み、他人に意地悪しかできない義肢の娘に、ロボットが義肢のことを尋ねます。

「それは、どうしたんだ?」

「幼い頃、火事に遭ったの。義父母は遺産欲しさに私を助けないで逃げ出してしまった。人間は信じられない」

憎々しげに吐き捨てる娘に、ロボットは優しく語りかけます。

「本当は寂しいんだね」

「どうしてそんなことが分かるの?」

「ある波長で君の心の中を見透かしているんだ」

娘の意地悪な行為はその反動で起こるもの、本当は優しさを求めてやまない寂しい娘だったということです。


鈴木さんの「もう年なんだから死んでもいい」の裏に、「淋しい」「もっと生きたい」という訴えがあるのではないかと私は感じてしまいます。

でも、本当の心の声を聞くのは難しいものです。

「お疲れさまです。これからは私たちと一緒にゆっくり人生を楽しんでください」と心から伝えたいのですが。

痛みに気づかない、伝えられない床ずれ

「Kさんのお尻がただれています」

「手足の皮膚もちょっと触っただけで内出血します」

スタッフがそう報告してきたのは、要介護度四で九二歳になる加藤さんのことです。

苗木農業を営みながら六〇歳まで畑仕事をしていましたが、認知症になってからは簡単な指示しか理解できなくなったそうです。

誤嚥《ごえん》性肺炎や尿路感染症、そして認知症が進行したのもあり、老健たきざわに入所してきました。

家族の話ではとても穏やかで人見知り。歌や読書、相撲のテレビ観戦が趣味だと聞いています。

すぐに加藤さんの部屋を訪ねると、お尻がただれているだけではなく、両肩、頸部、下肢にも内出血の症状が出ています。

「ただれているのは、水様便が原因でしょうか？」

加藤さんの症状を確認しながら、私はスタッフの意見が正しいと判断しました。

「確かに、水様便やオムツの接触性皮膚炎かもしれないわね。まずは整腸剤で下痢を止めてください。それから外来に行きましょう。そのとき、両肩、頸部、下肢の内出血も診てもらってください」

同時に、ほかの部分にも目を向ける必要があります。

「加藤さんは骨も脆《もろ》くなっているから、簡単に骨折する恐れもあるわね。皮膚も薄くなっていて、少しの摩擦でも表皮剥離《はくり》ができやすいと思う。多分、血管も脆くなっているからちょっとした打撲でも皮下出血するんじゃないかな。

十分注意して食事・入浴・リハビリ・排泄の介護を行ってください。私はすぐに滝中の褥瘡外来に紹介状を書きます（当施設に併設されている滝沢中央病院は同建物の一～三階にある）」

スタッフへの指示を細かく書き出しましたが、加藤さんは褥瘡、つまり床ずれができていたのです。

入所者の健康を預かる私たちにとって最大の悩みは、この床ずれです。床ずれは、外から力がかかった骨によって圧迫された組織が障害を起こす状態を指します。よく聞く言葉かもしれませんが、早く発見して適切な治療をしないと、命にかかわることもある症状です。

問題は、この施設に入所している人たちの多くが、脳梗塞や脳出血、重度の認知症で、体の一部または大部分がマヒしていることです。痛みを訴えてくれると早めのケアができるのですが、こちらが症状に気づくまで分からないのです。

痛みを感じないから、自分で身体の向きを変えることができないし、言語障害があると、たとえ痛みを感じていても伝えられない。そのためスタッフは、細心の注意を払いながら、入所者の状態を見守らなければなりません。

床ずれの症状があらわれるのは、多くは骨の突出している部分。お尻、外側の足の付け根、踵《かかと》など。老衰や栄養不良に加え、長期間の寝たきりになった場合、身体とベッドが接触するところで血行が悪くなり、周辺組織が死んでしまいます。

床ずれの予防は、まず二〜四時間ごとに身体の向きを変えること。次に、皮膚面の保湿と保清（清潔に保つこと）、栄養管理。入浴不能の場合は、足浴なども推奨されています。

また、脱水予防のための水分補給も欠かせません。そのため最近では、管理栄養士、薬剤師、リハビリテーション療法士の役割が重要だといわれています。

栄養士は定期的に体重、血液中のタンパク質やアルブミン量を測定し、不足分を補う日々の食事内容や量を決定する必要があります。

リハビリテーション療法士は、ベッド上でのリハビリ前に床ずれを点検し、除圧を工夫したり、無理をしないで身体の向きを変えるように注意深く行っています。

二〇一八年の日本褥瘡学会が調査した結果では、一般病院の患者は二・四六％、療養型病床のある病院では二・八一％が床ずれを発症していました。

しかし、二〇一〇年はそれぞれ二・九四％、三・五二％だったので、減少していることになります。これは、床ずれなどの治療を専門とした外来の発足や対策の充実に負うところが大きいといわれます。

その一方で、自宅介護の場合は、見落としや発見が遅くなり、治りにくくなったり、重症化したりすることが多くなっています。

施設での誤嚥性肺炎は命取り

それは、夫を介護施設に入所させ、私は麻酔科医として秋田に出張していた寒い冬の夜でした。

突然、介護施設から電話がかかってきました。

「誤嚥性肺炎かもしれません」

誤嚥性肺炎は、嚥下《えんげ》機能（食べ物を飲み込む機能）障害で、唾液や食べ物、あるいは胃液などと一緒に細菌を気道に吸い込んだことで発症します。

嚥下機能の低下した高齢者、脳梗塞後遺症やパーキンソン病などの神経疾患や寝たきりの人がかかりやすいといわれます。

理由は、口の中の清潔が十分に保たれていないことで、細菌が繁殖するからです。その細菌を間違って気管から吸い込んでしまって、肺炎を引き起こしているのです。

私はその危険性を知っていたので、すぐに夫が搬送された病院に向かいました。外に飛び出すと、しんしんと雪が降っていたのを覚えています。

移動する途中、居ても立ってもいられなかった私は、主治医に電話で夫の容体を確認しました。

「マスクで酸素を投与していますが、危険な状態です。もしものときには挿管（口から気管に呼吸用の管を通すこと）して人工呼吸器をつけ、胃ろうを作ってもいいですか？」

「そんなに危ない状態なんですか？　私が行くまで挿管は待ってください」

私が病室に駆けつけたときには、酸素マスクを付けた夫が、苦しそうに息をしていました。

「圭一さん！　このままだと人工呼吸と胃ろうの生活になるんだって。美味しいものが食べられなくなるのよ。それは嫌だよね。だから、力の限り頑張って！」

私は、周囲を気にしないでそう叫んでいました。

夫は私の声が聞こえたのか、大きく頷いていました。

誤嚥性肺炎が高齢者に起こりやすい理由のひとつは、飲み込む力の低下です。

飲み込む力が正常であれば、口から入った食べ物は、唾液と混ざり合い食道を通って胃に運ばれます。しかし、飲み込む力が低下すると、正しく食道に送ることができません。

正常な人には、「飲み込む」というのは何気ない行為ですが、実は非常に繊細で緻《ち》密《みっ》な身体の動きによって行われているのです。

もうひとつは、唾液の分泌量の低下。

口の中には細菌やウイルスが侵入しやすいので、唾液には強力な抗菌・殺菌作用だけではなく免疫力の増強につながる物質も含まれています。

また、唾液は、食べ物を塊にして胃にスムーズに送り届けたり、舌の動きを滑らかにして会話をしやすくしたり、口の中の潤いを保つことで口臭を防いだりもします。

それだけに口の中には、豊富な唾液が必要になります。

高齢になると、この唾液を分泌する能力が低下してしまいます。

夫は、誤嚥性肺炎の苦しみに耐えながら、三日三晩生死の淵をさまよって少しずつ快方に向かっていきました。このとき、私は彼の生きようとする力に驚いたものです。

しかも一カ月後には、酸素マスクなしでも問題ないほど呼吸は回復していました。

ただ、脱水症状が続いたために持病の糖尿性腎症が悪化して血液透析を開始することになります。

今振り返っても悔しいですが、それが夫の命を縮める結果になってしまいました。

糖尿病にはご用心！

驚いたことに、半数以上が糖尿病でした。老健たきざわの入所者のことです。

その日も糖尿病の方が入所してきました。

「香川さん、七六歳・男性。糖尿病とアルツハイマー型認知症のある方です。三年前に有料老人ホームに入所されましたが、糖尿病のコントロール不良と筋力低下のリハビリ目的です」

紹介状には、朝の血糖値は五〇台と低く、夜は三〇〇～四〇〇になり変動が激しいと書かれていました。

通常、低血糖になると冷や汗が出て具合が悪くなるので、すぐに対処できます。しかし、香川さんは認知症なので自覚症状がなく、厳重な血糖管理が必要でした。

「昨夜は血糖値が五〇〇台で高かったんですが、朝は下がっていますね」

早速、スタッフから香川さんの状況報告が入ってきました。

「うーん……、確かに数値は高いけど、しばらく様子を見ましょう。インスリンを増やしたら、翌朝に低血糖を引き起こすので経過観察にとどめていると紹介状に書いてあったから。低血糖は脳障害の原因にもなるし、危険だから気をつけてください」

以後、施設では、頻繁に血糖値を測定することで様子を見ることになります。つまり、こちらは臨戦態勢。何かが起きたときにすぐ対処できるように、準備を整えていたのです。

でも、香川さんはケロッとしています。糖尿病が原因の腎障害や神経障害もあるはずなのに。認知症で自覚がないと言えばそれまでですが、香川さんのような人を自宅で介護するのは絶対に無理だと思います。


介護施設への入所を考えるときに、知っておきたいのが糖尿病です。

糖尿病とは、血糖値を下げる唯一のホルモンであるインスリンのはたらきが悪くなり、血液中の血糖が慢性的に多くなる病気です。

Ⅰ型とⅡ型があり、Ⅰ型はインスリンそのものを分泌できなくなる状態で、Ⅱ型はインスリンは分泌されてもはたらきが悪い状態。日本では、II型の患者が圧倒的に多く、その原因は過食、運動不足、肥満などとされ、生活習慣病の一つといわれます。

血糖値が高い状態が続くと血管が傷ついていきます。細い血管が傷つくと神経障害・網膜症・腎障害の三大合併症を引き起こす原因になり、太い血管が傷つくとコレステロールなどが溜まり、血管を塞いで脳梗塞や心筋梗塞の危険性が高まります。

糖尿病が怖いのは、自覚症状がないまま合併症を引き起こすところです。糖尿病の人は、そうではない人よりも心筋梗塞になるリスクが三倍ほど高く、脳梗塞になるリスクが男性は二・二倍、女性は三・六倍といわれます。

現在、日本人の五人に一人が糖尿病ないし糖尿病予備軍といわれています。その数は、厚生労働省の「国民健康・栄養調査」（二〇一九）によると国内で約二〇〇〇万人。糖尿病は一度なってしまうと治りませんが、糖尿病予備軍であれば正確な知識を持って生活習慣を見直せば予防することはできます。

そのアドバイスも紹介しておきましょう。

例えば、

①規則正しい生活を送る。
②ごぼう、にんにく、納豆、大麦入り玄米、根菜類、きのこ類、海藻などの水溶性食物繊維を摂って、腸内細菌を元気にする。
③抗酸化物質とマグネシウムが豊富に含まれる緑色の葉物野菜を摂る。
④甘いものや脂っぽいものは、食べ過ぎない。
⑤もずくやこんにゃくなど食物繊維を含む食材を摂る。
⑥マグネシウム・食物繊維を多く含む海藻類、青魚、大豆など、アディポネクチンを増やす食材を摂る。
⑦白米より玄米。
⑧チョコレートに含まれるカカオやポリフェノールは糖尿病のリスクを低くする。

また、血糖値を抑える食べ方もあります。

①一口三〇回噛む。
②食物繊維の多い野菜から先に食べる。
③食後一時間以内にエネルギーを消費する。

食事と同様に大切なのが運動です。運動しないと筋肉が痩せて体重が少なくなり、脂肪の多い身体になります。これが「隠れ肥満」です。

隠れ肥満になると基礎代謝が減り、同じ分量の食事でも脂肪になりやすくなります。運動をすることで身体についた中性脂肪を減らしたり、筋肉をつけて基礎代謝の多い身体になれば、糖尿病の予防にもなるはずです。


近年、糖尿病治療と同時に不眠治療を行うことで症状が改善し、血管障害を予防できる可能性があることが話題となっています。

睡眠不足がすべての原因とはいえませんが、睡眠不足をもたらす生活習慣が肥満の原因となり、生活習慣病のリスクを高めていると考えられています。今後、糖尿病治療に不眠治療を並行して行っていくことが増えていくかもしれません。

ここで紹介した予防策は、あくまでも参考です。無理に習慣化させようとしてストレスを抱えては元も子もありません。自分に合ったペースで少しずつ生活習慣を変えていくほうがいいと思います。

かく言う私も不規則極まりない生活を送っているので、これを機会に少しずつ努力を始めました。例えば、暴飲暴食を避けて白米を玄米に替えましたが、結構美味しいので驚いています。

新しい在宅介護「ホームインステッド」

友人と会食をしたとき、現役を退いたらどんな生活が楽しいかが話題になりました。二人とも同年代で、まだ現役を退く気はありませんが。

「時間はたっぷりあるから、今までできなかったことを自由に楽しむのが一番よね」

「でも、やっぱり一人は寂しいなあ。あなたはいいわよね、お子さんもいるし、お孫さんもいるから。うらやましい」

「子どもがいても、孫がいても同じよ。あの子たちには、それぞれの家庭があるんだから。迷惑もかけたくないし、干渉もされたくない。子どもはいようがいまいが同じだと思う。そういう人が多いんじゃないかしら」

「そうかも。お姑さんが一人になったとき、一緒に住みませんか?と言ったら、自分でできる間は一人暮らしのほうがいい。若い人とは話題も趣味も違うからと言われたわ。確かにそうかもしれない」

「そうなると、やっぱり友達や同年代の知人と過ごすのが一番かも。同じ年代を生きてきたから話も合うしね」

「干渉されない時間と空間も必要だから、同じエリアにそれぞれ別に住んで、必要なときに誘い合って、食事に行ったり、飲みに行ったり。観劇やコンサート、旅行に行くのもいいな。そうすれば、きっと楽しい時間を過ごすことができる。孤独死はしないと思うな」

「遠い親戚より近くの他人ね」

「同じ考えの人が集まれば、楽しい場所ができて素敵なエリアになるかも」

「介護が必要になったら、少々高くてもプライベート・ケアサービスの付いたお洒落なマンションに住みたい」

「同感！　そのときは一緒に」

「そのために、今は頑張って資金を貯めましょう」

そんな私たちの夢のような物語を実現させる方法の一つに、「ホームインステッド」があります。


日本の要介護者のほとんどは介護施設に入所して、最期は病院で迎えるのが一般的です。しかし、七割以上の人が住み慣れた自宅や地域で自分らしく生きたいと願っています。

アメリカで生まれた「ホームインステッド」は、その願いをサポートする「公的介護保険適用外のプライベート・ケアサービス」です。

目的は、要介護者と家族の生活の質を向上させること。

老化に対する考え方を変えて、すべての世代が前向きに年齢を重ねられるように個々に合った手段を提供しています。

「高齢者とご家族の幸せな生活を実現する」をモットーに、家族の要望に対応するため、介護や見守りはもちろん、お墓参り・公共料金の支払い・ペットの世話などもサポートしているようです。

日本での自宅介護は、介護保険を利用しても家族に負担がかかってしまいます。ヘルパーさんやデイサービス、ショートステイを組み合わせながら自宅で介護をしても、送迎やサービスの隙間時間、介護保険の範囲でやってもらえないことなどは家族の負担になるからです。

そこで困ったことや頼みたいことがあれば、保険外の民間サービスを利用することになります。

民間サービスは利用者のニーズに対応する柔軟性やサービスメニューの多彩さなどが特徴で、介護保険適用サービスと組み合わせることで介護の質が向上し、安心で充実した生活につながると考えられます。

さらに、ホームインステッドは二四時間三六五日、いつでも、どこでも駆けつけてくれます。これなら、介護保険適用サービスとうまく組み合わせることで、介護を必要とする人も家族も心と時間に余裕が生まれるはずです。

例えば、「フルタイムで働きながら要介護者を自宅介護する」「遠くに暮らす老老介護の両親をケアする」など、一人ひとりに合ったプランで対応することが可能です。

介護施設に入所するメリットは、医師や看護師、介護士、栄養士などのスペシャリストがすぐそばにいて、何かあったときに相談・診療・サポートが受けられることです。ホームインステッドでは、医療をはじめとする様々な分野のスペシャリストを介護と連携させるノウハウがあるのも特色の一つです。だからこそ、専門家と家庭をつないで自宅で暮らすことが可能なのでしょう。

ホームインステッドは一九九四年に米国で誕生し、世界一四カ国とネットワークを結ぶホームインステッド・ジャパンが二〇二〇年、日本国内でのサービスを開始しています。

ちなみに、ホームインステッドの費用は、サービス内容や時間帯にかかわらず一律一時間六〇〇〇円。個々に合うケアデザインを設計して、お得なパック料金も用意されています。神奈川県鎌倉市・藤沢市・横浜市を皮切りに今後、全国展開を目指しているそうです。

夫が生きているときにホームインステッドを知っていたら、私も自宅介護を継続できたかもしれません。

当然ながら、私自身もやがては後期高齢者になりますが、このようなサービスが日本に誕生したことは今後のためにも非常に価値あることだと思っています。

誰かがそばにいるだけでいい

入所者の容体が悪化し始めると、私たちはすぐに家族に連絡を取ります。

九五歳の成田さんの容体が急変したときもそうでした。

しかし、家族からは「明後日しか行けない」。

「自分の親が大変なときに、どうしてすぐに来ないの？」

そう言う私に、師長が冷静に答えてくれました。

「仕方がないと思います。息子さんも透析で週三回は通院しているので。体調もよくないらしいです」

「透析？　息子さん、何歳？」

「七〇歳ぐらいだと思います」

「七〇！　そうなるのかあ」

成田さんの部屋に向かいながら、思わず私は天を仰ぎました。

老健たきざわに入所するほとんどの高齢者が八〇～一〇〇代です。

そうなると入所時の責任者は孫（と言っても、四〇～五〇代ですが）の代になることもあります。子どもがいない場合は姪や甥、そしてその子どもということです。

つまり、孫や姪、甥を十分可愛がっていないと、置き去りにされてしまうかもしれません。

私は子どもがいないので、元々、子どもに頼る発想がありません。だから、自分のことは自分で始末をしなければと、認知症や高齢で身体活動が制限されたときのための経済的準備を始めています。


子どものいる人たちは、そのことをどう考えているのでしょうか？

私の友人や知人に話を聞くと、答えはほとんど同じでした。

「私も娘や息子の世話にはなりたくない」

「それぞれ独立した家庭を守っていくので、精一杯なんだから」

実際、入所者の家庭状況を見ると、息子、娘の多くは県外に居住しています。

特に会社やその道で出世している人は、国外か国内の中心都市に住んでいます。その場合は、資金援助とたまに顔を見せるだけ。一方で、近場で農業や自営業をしている身内は、頻繁に足を運んできます。

親は子どもが出世して都市部で暮らすのがうれしいのか、近くにいてまめに面倒を見てくれたほうが満足なのか、私には分かりません。

ただ、「子どもの世話にはなりたくない」と言った人たちは、ほとんどが精神的にも独立して老後を楽しんでいます。

六五歳以降になってもできる仕事・ボランティア活動・趣味などに没頭しながら、生き生きとしている人生の現役です。

一方、子どもから離れることのできない人は、孫の世話で大奮闘。ほかに何もできないほど忙しく頑張っています。多分、そういう人たちは老後にお孫さんから大切にされるはずです。

私にはどちらがいいのか分かりませんが、一つだけ言えることは、年老いたときに身内にそばにいて欲しいという願いは大抵、叶えられないということです。

それは親子であっても、夫婦であっても。親戚であれば、なおさらです。

どちらが悪いというわけではありません。どんなに大切な人でも、愛する人でも、それぞれの生活スタイルは容易に変えられないからです。

そして突然、別離のときは訪れます。


私の父は生前、いつも言っていました。

「アンタ（父は、私をこう呼んでいた）は、盛岡で忙しいから、私の死に目には絶対会えないね」

「どんなことしてでも絶対に行きます」

少し感情的にそう言い返していた私でしたが、父の予言通りになってしまいました。親不孝なことをしたと今でも後悔の気持ちが残っています。

先日、特別養護老人ホームの理事長をしている友人と介護施設について話し合ったときです。

年老いて認知症になったり、脳梗塞や脳出血後の後遺症で麻痺や高次機能障害のある人は、介護のプロが揃う施設に暮らしたほうが幸せだという結論に至りました。

自宅で老老介護になると、介護者が無理をして病に倒れたり、経済的に困窮したり、悲惨な結果に終わるかもしれないからです。


ただ、一つだけ問題が残されました。

「最初は寂しいかもしれないけど、家族や友人が頻繁に通えば気持ちは安らぎます」

「そうなんだけど、家族が来るのは最初だけ。みんな来なくなる。それが問題なんだよね」


私の夫が脳梗塞の後遺症で介護施設に入ったときもそうでした。

最初は頻繁に訪れていた友人たちは、時間が経つにつれて足が遠のいていったのです。後に、友人の一人から聞いた話があります。

「川圭（夫は、そう呼ばれていました）に会おうと施設の前まで行くんだけど、そこで足が止まるんです。顔を合わせて何を話せばいいのか分からなくなって。あいつの姿が気の毒で可哀想で、合わせる顔がないなと思ったら引き返していました」

何も話さなくていい。ただ、そばにいるだけでいい。
それだけで夫は幸せだったと思います。話が思うように盛り上がらなくても、ほんの少ししか笑い合えなくても、心は通じるものだからです。

その頃、車椅子で散歩に出かけたとき、「誰かに会わないかな」とつぶやいた夫の表情はとても寂しそうでした。

もちろん、友人を責める気にはなれません。なぜなら、私も同じ思いを抱いた経験があるからです。

重症疾患で瀕死の状態に陥った知人に、重度の麻痺と高次機能障害が残ったときでした。リハビリを頑張って回復の兆しを見せていると聞いて、励ましに行こうと思いましたが、その思いとは裏腹に、私の頭には病に倒れる前の元気な姿が浮かんできたのです。

「会って、何を話したらいいのだろう?」

気の毒だという思いが強くなり、足が遠のいてしまいました。

施設に入所した人にはそこでの生活があり、家族や友人にも別の生活があります。決して共有はできないものです。

それをお互いに認識しないと、罪悪感に悩まされることになります。

ただ、そんな悩みはつまらないことであり、くよくよするよりも互いを思いやる気持ちこそが大切だと今は思います。


そのためにも家族の一人が要介護者になったとき、どうしたら全員が長く幸せに暮らしていけるかを冷静に考え続ける必要があります。

要介護になったこと自体は不幸かもしれませんが、その状態でも幸せに生きる道は必ずあるはずです。

認知症で自分が何者か分からなくなったとしても、そばに伴侶や家族がいてくれたら、関係性はゼロからでも、幸せは築いていけると私は考えています。

認知機能が正常で体が不自由になった場合、精神的には辛いでしょうが、親や伴侶の愛情は必ず大きな支えになります。見守る側も同じです。私は、夫が生きているだけで幸せでしたから。

第3章

知ってほしい「介護予防」という考え方

六五歳になったら介護予防

介護施設は、入ってしまえば予想に反して快適なものですが、それでもできるなら介護を必要としない自立した生活をいつまでも送りたい。

誰もが望んでいることだと思います。

この章では、私の医師としての経験を基に、どうすればいつまでも元気で過ごせるのか、少しだけお話ししましょう。

誰でも、老化現象を避けることはできないですから、できる限り長く元気に過ごすための対策が重要になります。

それが、「介護予防」という考え方です。

六五歳以上の高齢者を対象とし、

・要介護状態になることを極力遅らせる
・要介護状態になるのを未然に防ぐ

・すでに介護が必要な場合は、状態が悪化しないよう努めて改善を図ることが目的になります。

具体的には食生活の見直しによる栄養面の改善、体操やレクリエーション、リハビリテーションなどを通じた運動能力の低下防止、「物を食べる（噛む・飲み込む）」「十分な唾液の分泌を促す」「会話をする（言葉を発する）」「豊かな表情をつくる」などの口腔機能の向上を図り、ＱＯＬ（Quality of Life／日常生活の質）を高めるためのケアなどを行っています。

あくまでも予防を目的としたサービスなので、基本的な対象となるのは、自立している健康な高齢者と要支援度一～二の高齢者。主な介護予防サービスには、介護予防通所介護、介護予防通所リハビリテーション、介護予防訪問介護などがあります。

また、介護予防活動としては、健康セミナーや研修会、認知症予防講演会、栄養講座、会食親睦会などを開催したり、ウォーキングや絵画・料理教室の実施、ボランティアの支援などが行われています。

ただ、残念なことがひとつ。

それは、介護予防の考え方やそのサービスが、まだまだ広く知られていないことです。最近まで私も知らなかった一人でした。

介護予防が普及しない理由のひとつには、元気な高齢者が介護予防の必要性をほとんど感じていないことでしょう。

最近の六五歳は比較的元気です。そのため自分はまだまだ大丈夫だと思っています。特に、元気な男性ほど、せっかく開催されている介護予防の講習会に、まったくと言っていいほど参加していません。

甘い！

人間、六五歳にもなれば老化は確実に進んでいます。そして思わぬところで事故や病気に遭遇してしまいます。それからでは遅いのです。

例えば、誤嚥《ごえん》した、階段から落ちた、運動しているときに着地に失敗したなど、若い頃のイメージで振る舞ってケガをしたり、病気になったりする高齢者を多く見かけます。まだまだ大丈夫、という過信は早いうちに捨て去ったほうが安全です。骨折して寝たきりになれば、すぐに認知症や廃用症候群が忍び寄ってきます。

第3章
知ってほしい「介護予防」という考え方

二〇二五年には団塊の世代が七五歳以上になり、全人口の約二五パーセントが後期高齢者になります。これだけの数の高齢者が、まったく介護予防に取り組まず、要介護の生活に陥ってしまったら、間違いなく日本の介護医療は財政破綻するでしょう。

世の中を見渡してみると、既に介護予防に関連するサービスは、いくつも行われています。

体力作り教室、介護予防をテーマとした各種講演会、栄養改善・口腔機能向上・認知症予防などを学ぶ介護予防教室、高齢者が集うサロン、生きがい作りを目的としたサークル活動、介護予防ボランティア養成講座など。

それらに積極的に参加したり、家族が参加を勧めたりすることで、すぐにでも介護予防に取り組めるはずです。

高齢者が気をつけたいこと。その1 沈黙の臓器 ～肝臓～

できる限り介護のお世話にならないようにする。

これは、すなわち健康寿命を延ばすということです。健康寿命とは、介護に依存しない自立して生活できる期間のことをいい、平均寿命と比べると男性は約八年、女性は約十二年短くなります。それだけ介護のお世話になる期間があるということです。

健康寿命に目を向けたときに、私が最初に気になるのが肝臓です。

肝臓は、肝心要《かんじんかなめ》という言葉があるように、体の中で重要な役割を持っています。その一方で、別名「沈黙の臓器」とも呼ばれるように、知らない間にダメージを受け、表面化したときには手遅れというリスクも抱えています。

肝臓の主な働きは三つ。

①タンパク質の合成と栄養の貯蔵
②有害物質の解毒と分解
③食べ物の消化に必要な胆汁の合成と分泌

私たちが食べたものは胃や腸で吸収されやすい形に変えられ、肝臓に送られていろいろな成分に加工されます。それが動脈を通って必要な場所に配られています。例えば、糖質は、グリコーゲンとして肝臓に蓄えられ、エネルギー源として血中に放出されます。そして、不要になったものは老廃物と一緒に静脈を通って肝臓に戻され、一部はもう一度吸収して再利用され、残りは排泄されます。

このように、肝臓は栄養素の生産やリサイクルの中心的役割を担っています。

また、アルコールや薬、バイ菌など身体に入ってきた有害な物質を分解して、無毒化する解毒作用も肝臓の仕事です。それだけではなく、代謝を行うときや激しい運動をしたときに体内で発生するアンモニアなどの老廃物も、肝臓によって無毒化されています。

それから、肝臓でつくられる胆汁は、脂質の消化吸収を助ける消化液としての役割や、血中のコレステロール濃度を調整します。さらに、ビタミンやミネラルを貯蔵しているのも肝臓です。

つまり、肝臓が機能しなくなると、人間は生きられないのです。

肝臓の機能を低下させる病気には、肝臓が炎症を起こしてしまう肝炎、脂肪が溜まってしまう脂肪肝、肝臓が硬くなり機能が低下する肝硬変などがあります。

肝臓が「沈黙の臓器」といわれるのは、高い再生能力と代償作用があることで、多少の損傷があっても自覚症状が出にくいからです。

それが肝臓病の早期発見を遅らせてしまう原因です。そのため、自覚症状を感じたときには、すでに肝硬変にまで進行していることも少なくないといわれています。

企業や自治体などで受けられる健康診断で分かることも多いので、積極的に早期発見に努めるようにしましょう。

同時に常日頃から肝臓を労わることも必要です。

お酒が好きな人は、肝臓に負担をかけない飲み方を知っておくといいでしょう。

肝臓が日本酒一合（一八〇ミリリットル）の分解にかかる時間は、四時間。つまり、ひと晩で分解するには日本酒なら二合が限度だということです。

もちろん、アルコールの処理能力は個人差があるので、基本的には二日酔いにならない程度の量にしておくのが大人の飲み方です。

肝臓にいい肴《さかな》も紹介しておきましょう。

高タンパク・高ビタミンの食品です。アルコールを分解する酵素やウイルスを撃退する免疫物質など肝臓の働きを担う物質はタンパク質でできているので、タンパク質の多いものを摂ることで代謝機能が促進され、アルコールの分解が進みます。

できる限り介護のお世話にならないために、日頃から肝臓を労わることを忘れないようにしましょう。肝臓だって、いつまでも若くないですからね。

高齢者が気をつけたいこと。その2 生きるための司令塔 〜腎臓〜

肝臓に続いて気になるのが、腎臓です。

腎臓は、肝臓と同じくらい重要な臓器です。主な働きは血液をろ過して、余分な水分や老廃物を取り除くこと。体内のミネラルバランスや血液の生成、血圧の調整、骨の形成に関わるビタミンDを活性化させるなど、生命を維持するうえで欠かせない機能を持っています。

腎臓は、私たちが生きるための、まさに司令塔なのです。

日本は高齢化とともに、慢性腎臓病の患者が急増してきました。慢性腎臓病とは、腎臓の働きが六〇%未満に低下することです。

日本腎臓学会の報告では、国内の慢性腎臓病の患者は成人の八人に一人、約一三三〇万人。国内の透析患者は約三三万人で六五歳以上が六五・一%、七五歳以上が三二%。いまや慢性腎臓病は、「新たな国民病」ともいわれています。

腎機能を低下させる最大の原因は、高血糖によってつくり出された糖毒物質です。糖毒物質は全身のタンパク質を糖まみれにして、機能を低下させたり、炎症を起こしたり、悪さばかりをしています。

その中で影響を受けやすいのが細い血管です。気づけば内側はボロボロ、外側は古いゴムホースのように硬くなって動脈硬化が進んでいます。その点でも毛細血管で構成されている腎臓は最も影響を受けやすい臓器だといえます。

そうなると腎臓病だけの話ではなくなり、糖尿病の管理も必要です。

慢性腎臓病の人は心臓病や脳卒中、下肢動脈の狭窄《きょうさく》・閉塞《へいそく》の合併症の発症率が高まり、心血管疾患で亡くなる危険性が高いともいわれています。

予防には、糖毒物質を多く含む食事をできるだけ摂らないようにすること。特に要注意なのが清涼飲料水。よく使用されているフルクトースなどの糖はブドウ糖の一〇倍以上も糖毒物質をつくり出すので、清涼飲料水はできるだけ控えたほうがいいでしょう。

糖毒物質は短時間の高温で揚げたり、焼いたりして焦げめのついた食品にも多く含まれています。つまり、電子レンジを使った調理は厳禁ということです。茹でたり、蒸したりする調理法を積極的に取り入れたほうがいいと思います。

そう考えると、鍋釜でじっくりと料理していた昔の人は、健全な腎機能を持っていたといえるかもしれません。

食事をするときには、血糖値の急上昇を抑えるために炭水化物や肉よりも野菜やきのこ類、海藻類などを先に食べるのがおススメです。

食事にかける時間も大切。早食いは血糖値を急上昇させるのでよく噛んで、時間をかけて食べましょう。

そのほか、喫煙は体内の糖毒物質を増やすといわれるので禁煙または節煙を心がけるように。愛煙家には少々耳が痛い話ですが。

近年、腸内環境と腎機能が密接に関係していることも明らかになってきました。

腸内細菌は善玉菌、悪玉菌、両者の強いほうに味方する日和見菌の三種類に分けることができます。

そして、腸内では善玉菌と悪玉菌の主導権争いが常に起きています。

偏った食生活や便秘などが原因で悪玉菌が優勢になると有害物質がつくり出され、

腎臓を傷つけ腎機能を低下させてしまうので要注意です。

腸内環境を改善するためには野菜、果物、海藻類、きのこ類など食物繊維を多く含む食べ物の摂取がおススメです。納豆や味噌、甘酒など発酵食品を摂るのも有効といわれます。

それらは善玉菌のエサとして腸内環境を良好な状態に導いてくれます。

血管の塊といえる腎臓は血流の影響も受けやすいので、入浴で身体を芯から温めるのもいいでしょう。でも、私は長風呂が苦手です。だから、いつもはシャワーだけでしたが、「こうやって知識を深めたので改めようと思います。みなさんもお風呂にはゆっくり浸かるようにしてください。


老健たきざわには脳梗塞や脳出血の後遺症で入所している方が多く、そのほとんどが糖尿病や腎機能障害などの持病も抱えています。

亡き夫も早くから糖尿病や腎機能障害がありました。しかし、薬に頼り過ぎて生活習慣や食事療法を軽んじた結果、腎不全から透析となり急逝しました。私も含めて「医者の不養生」だったと反省しています。

高齢者が気をつけたいこと。その3 恐るべき骨粗しょう症

「佐山さんの手首が腫れています。転んだ覚えはないそうですが、触ると痛がっています」

朝の回診時、スタッフが心配そうに報告してきました。

確かに、佐山さんの右手首は明らかに腫れています。そっと触るだけでも、彼女は痛みで顔をしかめました。

九五歳の佐山さんは、高血圧・狭心症・骨粗しょう症を患って入所しています。自宅で一人暮らしでしたが、徐々に活気がなくなり、言葉を発することが少なくなったそうです。最近は認知症の症状も見られるようになりました。酷い難聴でもあり、言葉のやり取りがなかなか上手くできません。

ただ、それは私の声だけではないかと思うこともあります。

「無理な体勢で手をついたんですか?」

佐山さんは何も反応しません。そこで師長が同じことを聞くと、ゆっくり答えてくれます。

「そんなことはないんだけどねえ」

いつもそばにいる人の声には、やはり不思議な力があるようです。

「お風呂でも異常はなかったと介護士は言っています」

「念のため、手首のX線写真を撮りましょう。骨粗しょう症が心配なので」

やはり、佐山さんの反応はありません。

「じゃあ、佐山さん。レントゲンを撮りますよ」

師長がそう言うと、うんうんと頷いていました。

結果は骨折ではなく、筋肉痛でした。痛み止めと湿布を処方して数日後、腫れと痛みの消えた佐山さんは笑顔になっていました。

本当に筋肉痛でよかった。私は、心からほっとしました。

骨粗しょう症は、骨の強度が低下して骨折しやすくなる病気で、女性に多く見られるからです。男性よりも女性の骨は細く、閉経で骨をつくる素である女性ホルモンの分泌が減ることも原因といわれています。

日本には約一〇〇〇万人以上の患者がいるといわれ、高齢化に伴って増加傾向にあります。介護施設に入所しているのはほとんどが高齢者なので、骨粗しょう症が原因の骨折はすぐそこにある危機といえます。

骨粗しょう症になると、骨の中がスカスカになるため、ちょっとした刺激でも骨折してしまいます。そのため、老健たきざわでは、入所時に骨密度検査を行うことが検討されています。骨粗しょう症を患うと過度なリハビリは当然ですが、咳やくしゃみで知らぬ間に骨折することがあるからです。

老健たきざわの施設長であると同時に、麻酔科医でもある私には、仙台医療センターでの麻酔科医時代、整形外科の先生から骨折の手術が度々舞い込んでくることがありました。

手術の対象者は、ほとんど高齢者。最近は一〇〇歳前後の方も少なくありません。当然持病があり、リスクは高くなります。だから、私は手術を受けようとする人に念押しをしています。

「どうしても手術しますか？」

「どんなにリスクが高くても、死んでもいいのでやってください！」

多くは、そう言って譲りません。家族も同じ意見です。

「死んでもいい」なんて怖い言葉をよく口にするものだと思います。でも、理由を聞

く と納得する私がいます。

「年寄りは歩けなくなると、すぐ認知症になると整形外科の先生に言われました。寝たきりになって、自分や家族の名前を忘れてまで生きている意味はないんです。それなら元気に生活できるように、リスクが高くても手術をしてください」

寝たきりの原因は脳卒中が最も多く、次に老衰、そして三番目が骨粗しょう症による骨折です。

ただ、介護施設で発生した事故の分類では、転倒・転落・滑落が寝たきりの原因の七七%と圧倒的多数を占めます。日夜、様々な対策を講じていますが、転倒による骨折は、なかなか減少しないというのが実情です。

特に、四肢の麻痺がある人の介護は要注意。私も夫を自宅介護しているとき、衣類を着せるのに苦労して思わず力が入り、「痛い!」と叫ばれたことがありました。

今思うと、かなりヒヤッとすることをしていたのだと思います。

骨の強度が低下するといっても症状はほとんど見られないので、骨折をして初めて症状が進んでいたことに気づくことが多いからです。だからこそ、早期に骨密度を測って気をつける必要があるのです。

かく言う私も健康診断の骨密度検査で引っかかり、精密検査を受けました。結果は、境界線ギリギリ。早めに治療をしたほうがいいとも宣告されましたが、主治医と相談して、運動療法と食事療法を始めることにしました。

まずは運動療法。

例えば、階段の上り下り、犬の散歩など。愛犬との散歩はいい運動になります。いい天気の日に陽射しを目一杯浴びるのは気持ちのいいものです。これで骨に不可欠なカルシウムの吸収を促進するビタミンDがどんどん体内でつくられるでしょう。

食事療法では、カルシウムが豊富な牛乳や小魚をたくさん食べることにしました。しかし、友人にそれだけでは足りないと言われてしまいました。

「シリカを飲んでみたら？」

「シリカ？」

「サプリメントよ」

「サプリは予防にしか効かないと言われたんだけど……」

「シリカはカルシウムを細胞内に取り込むためのものなの。薬じゃないから気楽に服用できるわよ。まず三カ月飲んでみて」

三カ月ならと彼女がおススメしてきた最強シリカ「スーパーシリカ」を取り入れてみました。

結果は、三カ月も経たないうちに出ました。何となく体調がいいような気がします。しかも、よく眠れるようになり、便秘も解消されました。化粧のノリもいい。ひどい肩こりも軽減されました。

以来、真面目に飲み続けているので、次回の骨密度測定が楽しみです。

老健たきざわにも迫るパンデミックの恐怖

二〇一九年一二月以降、中国湖北省武漢市を中心に発生し、全世界に広がった新型コロナウイルス感染症。
二〇二〇年一〇月五日時点で、この感染症は世界二〇〇以上の国・地域に広がり、感染者数は全世界で三五一五万四六八人、死亡者数は一〇三万六九四一人と甚大な数に及んでいます。日本国内でも確認された感染者は八万六一二九人に上り、一六〇三人が命を落としています。

現在のところ、主な感染経路は飛沫感染(咳やくしゃみに含まれるウイルスを吸入)と接触感染(感染者の排出した唾液や痰などにより汚染された環境に触ることで感染)、エアロゾルによる空気感染(空気中に長時間漂う形の病原体によって感染)が指摘されています。

このため、感染防止の生活スタイルとして推奨されているのが、密閉空間、密集空間、密接場面の「三密」を避けることと、相手との距離を二メートル程とる「ソーシャルディスタンス」。そして手洗いや手指消毒、マスクの着用です。

医療・福祉・教育・文化・芸術など様々な分野で危機感は広がり、その中でも医療はマンパワーや医療資源、医療機器の不足など、ギリギリのところで踏ん張っています。社会福祉施設などが提供する各種サービスは、利用者やその家族の生活を守るうえで欠かせないものであり、十分な感染防止対策を徹底しながら提供していくことが重要です。

老健たきざわも対策に追われています。

入所者の感染防止のために、家族を含め外部からの面会や施設への立ち入り制限をしたり、デイサービスに訪れる人たちの専用通路とリハビリの場所を限定したり。入所者は検温などで健康状態の変化を日々確認して、介護スタッフには職場外で三密を避ける行動の徹底、出勤前の体温測定、不要不急の外出の制限など厳しい体制で臨んでいます。

ここまで徹底的に対策するのは、入所者が高齢者であり、基礎疾患のある方が多く、感染すると重症化するリスクが高いからです。

それでも介護施設で新型コロナ感染のクラスターが発生したニュースが流れてきま

す。

これからも老健たきざわでは、新型コロナの感染者が出た場合に備えて、以下の相談・シミュレーション・訓練などを行っています。

①物質の状況把握（毎日少しずつでも備蓄しておく）

②ガウンテクニック（防護具の着脱方法）の徹底と事前の訓練

③生活空間の区分けのシミュレーション

④人員体制に関する関係者との相談

⑤陽性者が発生した場合の施設の対応方針とその方針の共有

⑥一時的であれ、陽性者にケアを提供することに対する気持ち（心）の準備ができるよう、職員の教育実施。

また、入所者の安否確認を願う家族のために、Ｗｅｂを使った面会も試みています。入所者にとって家族との対話が途絶えると、高次機能障害や認知症が悪化する恐れがあるので、その点からも心理的な安心感は不可欠というわけです。

この本が出版される頃は終息の光が見えていますように。

第4章

70歳の新人施設長

新しい人と出会い、楽しい関係を作る

時間というものは、残酷です。

どんな人がどのように過ごしても、平等に容赦なく過ぎていきます。大切なのはどの時間、どんな時間が一番肝心かということ。

定年退職した人が痛切に感じるのは、仕事がないことの喪失感だといいます。現役時代、高い地位にいた人ほどその喪失感は強い。私自身も部長の役職を退いたとき、重圧感から解放されてほっとした反面、一抹の寂しさを感じたものでした。

若さには絶対に勝てないことも痛感しました。

自分が教えてきた後輩たちの技術や行動は、もはや自分を超えていたからです。

その活気ある姿を見るにつけ、うれしいやら頼もしいやら、少々寂しさも感じながら安心して任せられると感じました。

以前、尊敬する教授の退任式に出席したことがありました。

「今後どうされるのですか？　まだ十分力がおありなのに。定年退職はもったいないですね」

教授は、軽く笑って答えてくれました。

「いやいや、六五歳で定年は的を射ているかもしれませんよ。後輩への指導力が衰えてきたような気がしますから。指導するためには人一倍勉強したり、画期的なアイデアを生み出したり、かなりエネルギーが要るのはあなたにも分かるでしょ。でも、年と共にやる気はあっても体がついていかなくなる。そう思い始めたら引退のときです。今後は違う方面で、自分らしく生きていこうと思います。だからね、これでいいんです」

今は、教授の言葉を理解できます。

部長の職を退く直前、私も全く同じ心境になっていましたから。

さて、そうなると七〇代からの生き方を全く違う視点から捉えなければいけない。これまでの地位に固執しても意味がありません。

でも、組織の中にいる間はそれなりの地位にあった人が退職した途端、それまでちやほやしてくれた業者や関係者が会いに来なくなったとしょんぼりして、急に老け込む人の話が多々聞こえてきます。

それまでの人間関係は仕事による利害関係のなせるわざ。本当のつながりではなかったと考えれば、当然の成り行きで腹も立たないはずなのに。しょんぼりして老け込むよりも新しい場所に飛び込んで、新しい人と出会い、楽しい関係を作って出直したほうが楽しいと私は思います。

そんな楽しさを周りに教えていたのが、夫でした。かつて上司だった教授が退任された後でした。

「ロータリークラブ（国際的な社会奉仕連合団体・国際ロータリーの単位クラブ）に紹介しようと思うんだ」

様々なイベントや個人的なゴルフ、会食に誘って親しい間柄になっていったのです。

でも、夫は「教授だからといって、ご機嫌を取るのは嫌いだ！」と現役時代の教授には見向きもしていませんでした。

「誰だって、引退したらただの人なんだよ。それまでの取り巻きはいなくなる。これから寂しい思いをするだろうな」

そう言って、すぐに積極的に誘い始めたわけです。本当の人のつながりが分かる心優しい人だったんだなとつくづく思います。

彼自身も、東京から故郷の盛岡に戻ったとき、幼馴染みや仕事仲間しか知人がいなかったそうです。

そこで、ある人の紹介からロータリークラブに入会して、あらゆる業種の方たちとつき合い、友人や知人の輪を広げていったことがよほどうれしく、心に残っていたのかもしれません。

私も彼の影響を受けて、女性のロータリー版である盛岡ゾンタクラブに入会しました。彼と同じように様々な人と巡り合い、新たな生活を楽しんでいます。人間は元来、孤独で寂しい生き物です。だからこそ、人と交わることで新たな世界が開けてくるといえます。

七〇の手習い

私はどうしても仕事が生きがいだと思う人間です。

私にとって仕事はお金を得るためではなく（もちろん、それもありますよ）、生き続けるためのものだと考えています。

夫を亡くして絶望感に苛《さいな》まれたときも、仕事に助けられました。仕事に集中している時間はほかのことを考えなくてもよかったからです。その間は悲しさや辛さを頭の隅のほうに置いておくことができます。

でも、それは、私の場合。「ほかのこと考えなくていい」「ネガティブな感情を頭の隅に追いやれる」と考えられるならば、私のように仕事に固執することはありません。どんなことでもいいと思います。ボランティア活動や趣味を通して、家の外に出る。そこには必ず仲間がいます。何気ない思いやりがうれしい瞬間もあります。

そういう出会いや時間を心から楽しめるのは、七〇代からの特権だと考えてください。特に、ボランティア活動は人間性を高めながら社会貢献もできるので、自信につながり活力の源になります。

七〇代だからこその豊富な人生経験と磨き上げた知力を発揮できる場所は、まだまだたくさんあります。

一方で、まだ現役の人たちからはこんな声が聞こえてきます。

「六五歳まで勤め上げれば楽になる。それまでは頑張ろう」

「あの人はいいな。定年を迎えて悠々自適に生活しているよ」

どう読んでも愚痴です。私の夫もそうでした。だから、何度も言っていたことがあります。

「仕事があるのは幸せなことだと思うわよ。そんなことを言う前に、まず感謝しないと。私は、ずっと仕事を続けていきたいと思っています」

その後、脳出血で左半身麻痺になり、言語障害になった夫は言いました。「仕事がしたい。死ぬまで医師を続けたい」

彼の本音だったと思います。何事も失ってみて、初めて気づくことは多いものです。

私にとって仕事は生きる糧《かて》です。だから、私は新しい分野に挑戦することにしました。介護施設への就職です。私にとって全く未知の世界でした。よちよち歩きの赤ちゃんのようです。

そこで自分に言い聞かせました。今までどんな仕事をして、その道に習熟していても、今、目の前にある介護の分野は全く無知なんだと。

だから、友人や知人には驚きを持って言われます。

「次に選んだのが介護施設というのは意外でした」

「手術室での活動に比べたら、物足りなくないですか？」

そんなことはありません。私の周りにいる全ての介護スタッフは先輩であり、先生という視点で見つめると学べることばかり。

介護施設という職場には暗い雰囲気をイメージしていましたが、スタッフは明るくハツラツとした人ばかり。その姿はとても眩しく、私に大きな活力を与えてくれます。

だから、私は友人たちの言葉を笑い飛ばします。

「得ることはたくさんあるし、今まで見たことのない世界が広がってるのよ。七〇の手習いということね」

私のように定年を迎えて、新しい職場に向かう人に一つだけ忠告しておきます。

「以前の仕事は忘れてください」

新しい職場です。あなたは新参者です。そう自覚するだけで自ずと道は開けます。利害関係のない本当のつながりも見えてきます。

七〇代に突入して、私にはもう一つ心がけていることがあります。

年相応の身だしなみです。それはブランドや見栄えに目を向けることではありません。大人の品格を備えるということです。

二〇一九年、白寿（九九歳）を迎えた母に聞いたことがあります。

「どうしていつも元気で、肌も若々しいの？」

「その秘訣はね。年を数えないこと」

秘密を打ち明けた少女のように、母は照れながら笑っていました。なるほど。面白い考え方です。

母は九〇歳頃まで産婦人科医、内科医としての仕事を全うしてきました。医師としても私の尊敬する先輩です。

「もっとすごい先輩の女医さんもいるのよ」

「もっとすごい？」

「聴診器を患者さんの胸に当てたまま往生されたの。医師としては本望よね。尊敬するわ」

母と言葉を交わしながら、やはり仕事は生きる糧だと実感しました。

私の望みは今の生活をできるだけ長く続けていくことです。

自分自身の足で歩き、両手で顔を洗い、好きな洋服を着て、友人とおしゃべりをする。お風呂に入り、暖かい部屋で過ごす。そして、できるだけ長く元気に仕事をする。

それがどんなに幸せで得がたいことであるかを実感しながら、私は明日も生きていきます。

第4章

70歳の新人施設長

なぜ、『老健たきざわ』を選んだのか

私が新人施設長として赴任した老健たきざわは、介護老人保健施設の中の病院から転換した「介護療養型老人保健施設」です。介護療養型は比較的重度の要介護者に対して、充実した医療処置とリハビリを提供しています。

医療法人が運営する施設なので、看護師も常駐してインスリン注射や痰の吸引、経管栄養などの医療処置にも対応できます。

ただ、本来は急性疾患からの回復期にある寝たきりの患者にある医学的管理下のケアが中心の施設です。

特別養護老人ホームのような終身制ではなく、心身の状態が改善してきた場合には退所を求められることもあります。

介護療養型で提供されるサービスは、医師や看護職員による医療的ケア、看護師や機能訓練指導員によるリハビリテーション、介護職員による介護などです。

そのため痰の吸引、胃ろう、経鼻栄養、酸素吸入といった医学的管理下でのケアは充実している一方で、掃除や洗濯、買い物、レクリエーションといった生活援助系サービスはあまり提供されていません。

なぜ、そんな老健たきざわで私は施設長をしているのか。

きっかけは、今は亡き夫の介護です。ある時期、彼は、老健たきざわと同じ医療法人傘下の、介護療養型医療施設『圭友』に入所していました。

腸閉塞で県立中央病院に入院治療した後に自宅に戻ることが困難になったからです。本人も自宅に帰るとは言いませんでした。よほど苦しかったのかもしれません。

「圭友は、医師も看護師も二四時間体制だから安心よね」

そう言いながら、私は自宅介護の限界をつくづく感じていました。

圭友は広々とした明るい建物で清潔感があり、何よりもスタッフが親切でした。そんなスタッフ一人ひとりの名前を、夫が私に教えてくれました。その環境が夫に少し余裕を与えてくれたようです。

彼はかなり施設の方に、ワガママを言っていたようです。でも、スタッフの方は真《しん》摯《し》に彼と向き合って面倒を見てくれました。

しかし、誤嚥性肺炎で県立中央病院に再び入院したことから、『圭友』には戻れなくなります。

幸い一命はとりとめた夫でしたが、慢性腎不全が悪化して、透析を余儀なくされたからです。本人は「圭友に戻りたい」と言いましたが、透析のため受け入れられず、介護付き有料老人ホームに入所することになりました。

そういう縁と友人の紹介もあり、私は勤めていた仙台医療センターを退任した後は、圭友で働くつもりでした。

それまで忙しさを言い訳に、夫には寂しい思いをさせたので、少しでも近くにいるために介護のノウハウを知りたかったからです。しかし、残念ながら夫は急逝しましたが、「介護のノウハウを知りたい」思いは強く、二〇一九年五月から老健たきざわにお世話になることにしたのです。

理事長の伊藤浩信先生が岩手医大に勤務していたとき、同じ研究室だったのも心強いものがありました。

そして、盛大に開いていただいた歓迎会の席で隣に座った、老健たきざわの母体である医療法人社団松誠会の瀬田斉会長と少しだけ交わした会話は印象的でした。

「麻酔科は外科系なので、〝介護施設では物足りないんじゃない？〟と友人に言われます」

「物足りないですか？」

「とんでもない。新しい分野なので学ぶことが多く、新鮮な気分です。主に内科、時々麻酔科医の生活はメリハリがあって楽しいです」

「何事も心の持ち方ですね。以前、ここで働き始めた外科の先生は短期間で辞めてしまいましたから」

やはり誰かに望まれる場所で仕事ができるのはうれしいもの。

次々に、これから一緒に働くスタッフと笑顔で挨拶を交わしながら、今日から私は老健たきざわで働く仲間の一人になったと実感しました。

第二のふるさと、盛岡

私は、一五年ぶりに自宅のある盛岡で仕事をすることになりました。

老健たきざわに用意された私の部屋からは、雄大な岩手山が見えます。

『ふるさとの山に向ひて言ふことなし　ふるさとの山はありがたきかな』

石川啄木の歌です。盛岡は、私の第二のふるさと。雄々しくも優しい岩手山を前に、帰ってきた安堵と様々な思いが駆け巡っていきます。


思えば、岩手とはいくつかの縁があります。

最初に盛岡の地に立ったのは、東京女子医大の学生時代でした。

その頃の私はＥＳＳ（English Speaking Society／英語で他国の人と交流する）クラブに入っていました。しかし、田舎者の私は山野が恋しくて山岳部にも入部していたのです。

当時、女性で初めてマッターホルン、アイガー、グランドジョラス北壁を制覇した今井通子先生に憧れての入部でした。

私はミーハーなのです。

そこで親しくしていただいた先輩が岩手医大の医師として赴任され、表敬訪問をすることになりました。それが初めての盛岡です。ただ、そのときは遠い地の果てに感じて、先輩は可哀想だと思いました。

次に訪れたのは無医地区研究クラブの活動で、岩手県下閉伊《しもへい》郡の田野畑《たのはた》村に行ったときです。深い山々に囲まれたその地区は、当時無医地区に指定され、私たちは村民の健康診断をすることになっていました。

盛岡駅からトコトコ走る在来線で、緑に囲まれた山野を、そして長いトンネルを抜けて、その地に降り立ちました。

新鮮な空気を胸いっぱいに吸い込み、何とも言えない爽やかさでした。思い切り冷たい水と美しい満天の星空、私たちは自然を満喫しました。同時に村民の厳しい現実にも直面します。

健康診断のほかに先輩たちの指導の下、小学校で避妊の講義が予定されていました。家庭訪問をすると子だくさんの家が多く、一〇歳ぐらい離れた年長の子が赤ちゃんを背負って子守りをしているのを見て驚いたのを覚えています。

講義当日、私は初めての経験なので、少し緊張しながら早めに会場に入って準備をしていました。

ところが、定時に集まって来たのは高齢者と子どもだけ。

「え？　避妊の講義なのに？」

思わず声が出た私に、一人のおばあさんが教えてくれました。

「若い者は、畑仕事があるから来られないよ」

ごもっともな理由です。以後、この企画が中止になったのは言うまでもありません。

そして四回目が夫と結婚して彼の実家に行ったときです。

そのとき、時と場所は、人がいて初めて光り輝くものだと知りました。それまで気づかなかった岩手山の素晴らしさを二人で見たからこそ、初めて実感できたからです。

夫の実家は北上川にかかる明治橋を渡ったところの仙北町《せんぼく》。川村産婦人科医院を開業して、夫の代になってからはその三階が自宅でした。

明治橋から見る岩手山はなぜか懐かしく、私の心のよりどころになり、いつも見守り、励ましてくれました。まるで父のように、母のように。うれしいときも、悲しいときも、辛いときも。

明治橋を渡って、義父も、義母も、夫も、私は送り出しました。

あるときは悲しいほど晴天で、あるときは雪の降る寒い日でした。ただ、独りぼっちになった今も、岩手山は文句なしにありがたい存在で、私を元気にしてくれます。

雨の日、晴れの日、嵐の日、雪の日も動じることなく、美しい姿を見せてくれる岩手山は神々しくもあり、全てを受け入れてくれる故郷の山です。

その姿を老健たきざわの部屋から見る度に、私は一人ではないと思います。

そこには夫が遺してくれたあらゆる物、友人、幸せな思い出が見えるからです。

それを胸に抱くだけで、新しい仲間と一緒に、新しい一歩を力強く踏み出す勇気が湧いてきます。

今をしっかり生きること

入所者一人一人の顔と名前を覚えるのは容易なことではありません。

そこで私は、時間があると、入所者が老健たきざわに入所するまでの経緯を読むことにしています。そこで目にするのは、実にいろいろな人生です。

絵に描いたような幸せな人生もあれば、読むに堪えない悲劇的な人生もあります。

まさに、「事実は小説より奇なり」です。

ただ、富める人も、病める人も、経済的に恵まれなかった人も、名声を勝ち取った人も、運の無かった人も、最後には死の瞬間が訪れます。

母親の産みの苦しみによって生を受けた赤ん坊は、その誕生を祝福する人たちの前で大きく一息吸い、泣いた瞬間に晴れてこの世の一員になります。ここまでは誰もがほぼ同じです。

物心ついたあたりから、それぞれ人生の選択が始まります。そして、どんな人生を歩もうと時間は平等に過ぎ去り、親しい人たちと別れて、最終的には自身の死を迎えます。


こうして見ていくと、生と死はとても神秘的で不思議なものです。

二つに共通しているのは、そのときには意識がないせいか、苦痛がないこと。

いや、私にそう見えているだけで、実のところは分かりません。

赤ん坊は母親の狭い産道をくぐり抜け、圧迫されたり、吸引で引っ張り出されたりして娩出されますが、私たちには苦痛を含めて全くその記憶はありません。気づいたときには、母親か誰かの腕に抱かれています。

苦痛を伴う事故や病気は別ですが、死も同じではないかと思うことがあります。老衰で亡くなった場合、なぜか全ての人が穏やかな顔をしています。

一説によると、死に直面しているときは、体内から脳内麻薬といわれるエンケファリンが分泌されるそうです。そのため苦痛は和らぎ、一種の多幸感があるといわれます。

死の淵から生還した人が、きれいなお花畑を見たというのも、あながち嘘ではないのかもしれません。脳内麻薬エンケファリンが原因だと考えれば納得がいきます。

真偽のほどは明らかではありませんが、神様の粋な計らいだと考えたら死の恐怖がいくらかやわらぎます。

ただ、私たちが生死をどうにかする手立てはないので、今をしっかりと生きることが大切なのは言うまでもありません。

今はまだ、人生を語らず

私自身はそのときどきを大切に生きてきたのか。
これまでの半生を振り返ってみました。

幼少時、島根県出雲の田舎で育った私は、父母の仕事の関係で物心がつくまで祖母に育てられたことから、無類のおばあちゃんっ子になっていました。
そういうわけで私は高齢者に接すると心が安らぎ、安堵感を覚えます（自分自身も既に高齢者ですが）。

祖父母の家は屋号を桃沢屋といい、その名の通り春は桃の花が一面に咲き誇り、神《かん》戸《ど》川が近くを流れる小さな集落にありました。家のすぐ裏手は山に面して様々な木々に囲まれ、山野を思いきり駆け巡っていました。
夫に言わせれば、思いっきり「カントリーガール」だそうです。

その頃、祖母は、「ずっと昔からおばあちゃん」だと思っていましたが、同じような年代になって彼女にも若い時代があり、いろいろな想いを抱いたに違いないと気づきます。

特に、戦中・戦後の人生は壮絶なものだったはずです。その時間が山野を駆け巡るやんちゃな私を包み込んだ、神様のような慈悲の心を育んでいったのかもしれないと思います。


小・中・高と生意気盛りを過ごした私は、母の勧めで東京女子医大に進学します。反抗期だった私は、進学するまで自分の家が開業医だからといって、既定路線を歩むことに反発していました。

「医学部には行かない。文系に進んで小説家か、外交官になりたい」

その思いは事実です。ただ、医師を目指したくない理由はもう一つありました。母が多忙で私も父もほったらかしにされ、淋しかったからです。

将来、私は絶対に夫や子どもの側にいたい。

それが理想の妻や母親の姿だったのです。


しかし、どんなときでも患者さんのために駆けつけて、親身になって診察をする母親の姿を見て、医師への尊敬と憧れの気持ちを持つようになっていました。

そんな母を優しく見守り、サポートする父の姿も清々しいものでした。元々、父は外国航路の船長でしたが、母と恋に落ち、祖父から「船を降りるのが条件だ」と言われて、公務員になった人です。

父は私を、目に入れても痛くないほど可愛がってくれました。

だから、遠く離れた岩手に嫁ぎたいと言ったときは、ショックで自殺するかもしれないと本気で心配したものです。

「娘を取られたんじゃなくて、息子ができたと思えばいいんじゃない?」

気持ちとは裏腹にそんな軽い言葉を父に伝えたのを思い出します。

その父がいつも言っていました。

「大事なのはお金でなく人脈だよ。だから、今までいろいろな人に助けられて今日があることを忘れないように。また会いたいと思われる人になりなさい」

今でもその教えは守っているつもりです。

夫は、ワガママ三昧で医師として働くこと以外は、料理や家事など何一つできない私に、「運転免許証を取って、テニスを習ってきてくれればいい」と言って安心させてくれました。だから、嫁入り道具は数少ない着物と桐のタンスだけです。

そんな私に父は言いました。

「嫁入り道具は医師免許証だと思って、一生懸命働いて、新しい家に合う家具は自分で買いなさい」

その言葉は、今も胸に沁みています。

結婚後、私は何回かの流産を経て仕事にのめり込むようになりました。悲しくて、辛くて、夫に対する申し訳なさもあり、何かに夢中で打ち込むしかなかったのです。子どものできない私は、何かほかのことで彼を喜ばせたいと一生懸命でした。彼に認めてもらいたくて、国内外の学会に出て研究結果を発表し、留学して国際学会の会長にもなりました。

でも、それは独りよがりの勝手な満足で、お酒の量が増えた夫の姿から寂しさを感じ取りました。よかれと思ってしたことが相手にとって必ずしも喜ばれることではないということです。

そんな私を義母の信子さんは優しく見守ってくれました。子どもが授からない長男の嫁は、昔であればすぐ離縁されるところです。でも、義母は何一つそのことは口に出さず、むしろ仕事の応援をしてくれました。

心から感謝をするとともに、生前もっといろいろな話がしたかったと今でも思っています。

夫との生活は文句なしに楽しい日々でした。彼はハワイ大好き、アメリカ大好きで、私たちはハワイに何十回も行きました。

夏休みや年末年始は唯一、二人で過ごせる時間です。そんなとき、彼はショッピングを堪能していました。ほとんどが私のものでした。

「君は洋服のセンスだけはマイナスだから」

「でも、そんなに高いものを買わなくても」

「いいものは高くても、飽きずに長く着られるんだよ」

彼がそう言って買ってくれたものは、今でも大切に着ています。飽きることなく長く着続けられるのは本当だったようです。

岩手医大・麻酔科医局長として勤務しているときは、中間管理職の辛さを知りました。

「みんなのためにこれほど尽くしているのに、なぜ誹謗中傷を受けなければならないのか」

だから、その頃の私を思い返すと、よく顔を出していたお寺の和尚・天空さんに愚痴をこぼしている姿ばかりが浮かんできます。

その度に、天空和尚は言ってくれました。

「自分を犠牲にして誰かを幸せにするなんて、思い上がりもいいところです。誰もありがたいと思っていないかもしれないですから。まず自分が幸せになる。そうでなければ、本当の意味で周りの人に幸せを分けることはできないんですよ」

その言葉は、私をとても安心させてくれました。それを守ることで人生も大きく変わりました。仙台医療センターの部長として勤め上げられたのも、夫との介護生活を乗り越えられたのも、「自分も幸せでいたい」とたくさんの人たちに支えてもらったからです。

先日、疲れて帰った私は居間のソファーベッドに横たわり、テレビから聴こえてきた懐かしい吉田拓郎の歌声に耳を傾けました。

「人生を語らず」という歌です。

朝日が　昇るから
起きるんじゃなくて
目覚める時だから　旅をする
教えられるものに　別れを告げて
届かないものを　身近に感じて
越えて行け　そこを
越えて行け　それを

今はまだ　人生を　人生を語らず

よく夫と聴いた曲です。すぐそばで彼が励ましてくれているようなぬくもりを感じました。

老健たきざわに入所する人たちにも、私と同様に様々な人生があったのは間違いありません。その時間は、まだ続いています。だから、私はこれからも入所者にエールを送り続けたいと思います。

「越えて行け　そこを、越えて行け　それを」と。

71回目の誕生日に

あれからどうしていましたか?

私は年を取りました。四月二一日で七一歳を迎えます。

いつも誕生日にはステキなプレゼントを贈ってくれましたね。

「最後のプレゼントは、引き出しの中にある」

そう言っていたので、誕生日を迎える度にどの引き出しなのかと考えていますが、開けるのはもったいないと思うので探していません。


あなたが急に逝ってしまってから、私は悲しさと虚無感でどうしようもなくなりました。だから、このままではいけないと自分を叱咤《しった》激励して、いろいろなことを手掛けてきました。

野鳥保護を介して地球の環境保全に寄与するBLS（バードライフ・サポーターズクラブ）の活動、その三周年記念講演と祝賀会、女性政治塾の開校、ゾンタクラブ盛岡での活動など、できるだけハードな目標を課しながら自分を鼓舞しています。

周りの人は、そんな私を「悲しくないのかしら？」と冷ややかな目で見ていたようです。私は自分を保つのに必死でした。何かをしていないと寂しくて、悲しくて、一人でいたくなかったからです。

仕事やイベントに専念していると我を忘れることができました。それでも夜は辛くて長く、あなたとの楽しかった日々を思い出しては眠れない日々が続きました。

昨年の五月からは、老健たきざわに勤務しています。

とても清潔で明るく、何よりも親切な松誠会本部長の松村良彦さん、事務局長の吉田隆幸さんをはじめとするスタッフが充実しています。後から気が付いたのですが、吉田さんは父、隆吉と母、幸枝の一文字ずつが入っていてまるで父母に見守られているような気がします。

また、桑原師長には私は日々助けられています。彼女は聡明で機転が利いて、優しさと厳しさを併せ持つ素敵な人です。私は、本当に人に恵まれた人生を歩いていると思います。

施設内で車椅子の人とすれ違うと、あなたのような気がして振り返ります。私があなたを乗せた車椅子を押している姿を思い浮かべます。でも、すぐに、「もうあなたはいない」と我に返ります。

だから、寝室の電話は充電完了の文字とともに、所在なげにサイドテーブルの上に載ったままです。あれ程頻繁に鳴った電話があれからリンとも鳴りません。電話はベッドに横たわっていたあなたにとって、唯一の社会との窓口、つながりでしたからね。

ひっきりなしの電話はうれしかったですよ。

時折、スルーしましたけど、いつも一緒にいてくれるようで心強く幸せでした。ありがとう。

今は四作目のエッセイを書いています。これまではあなたに読んでほしかったけど、今回は自分のために書いています。あなたの書いた幻の傑作『枯葉のダバダバダ』には及びませんが。

日中は忙しいのであっという間に過ぎ去りますが、夜は辛くて長いので読書をしたり、書き物をしたりしています。

寂しさを紛らわすために盛岡に帰ってからは、積極的にいろいろな人たちと交わることにしました。

まず、赤坂みどりさんの誘いでゾンタクラブに入会しました。

ロータリークラブからの誘いもありましたが、女性の友人が欲しかったのでゾンタクラブにしました。いろいろな方面で活躍している女性たちとの交流はとても楽しく視野が広がります。

仲間たちと恒例になった毎月の誕生会は、あれからもずっと続いています。俊幸先生も、なかけんも、大病を克服して元気にお酒を楽しんでいます。

あなたとお別れして、愛犬メルも間もなく逝ってしまいました。最後までお利口さんでしたよ。そちらではあなたの大好きだった信子お義母様、マリアン、ラルフ、メルと賑やかでしょうね。

私は独りぼっちになり寂しくて仔犬を飼うことにしました。名前はポロです（理由は、あなただけが分かれば十分です）。横顔がラルフにそっくりで、一歳半のいたずら盛りです。仕事から帰ると玄関先にちょこんと座って待っている姿がなんとも可愛らしくて癒されています。

そちらの居心地はいかがですか？
仏の道への修行は厳しいですか？

きっと一生懸命に励んでいると信じて、私もこの世で負けないように頑張りたいと思っています。

いつだったか、そんな話をかつての上司にしたときです。
「君は科学者だろう。死んだら何も残らない。無だ。生者は死者に惑わされるべからず」

きっと元気のない私に「前を向いて頑張れ」というエールだったと思います。でも、私は信じたいです。この世の体は失っても、あなたの魂はいつも私のそばにいて見守っていることを。

あなたが盛岡の有料老人ホーム『ブライトステージ』に入所していた頃、東京から大学時代の友人二人がお見舞いに来たのを覚えていますか？

あなたはとてもうれしそうで、三人を見ていると数十年前、東京で過ごした若かりし頃を思い出しました。

彼らが帰るとき、「ご挨拶したら?」と言う私に、あなたは言いました。

「また会える」

そうですね。今はもう実際に会えないだけで、それ以上でもそれ以下でもないですから。それにあなたの面影は、いつも私の胸の中にあります。

楽しかったこと、嬉しかったこと、悲しかったこと、寂しかったこと、泣いたこと、いろいろなことを思い出します。

そして、改めて私はあなたと出会えて幸せだったとつくづく思います。あなたは紛れもなく、夫として、医師の先輩として、友人として、何より人として最高でした。

心から、ありがとう。

あなたが自分を抑えて里帰りをさせてくれた出雲の母は、昨年白寿を迎えました。耳は遠くなり、足腰も弱くなりましたが、声は元気で生きる気満々です。

長年のお手入れの甲斐もあり、肌はツヤツヤ、笑顔がナイスです。恵美子さんの話では「圭一さんが亡くなって隆枝が寂しいだろうから長生きしなければ」と頑張っているそうです。

親は幾つになってもありがたいものですね。

姪の昌美夫婦には女の子が誕生し、一歳五カ月になります。丸々太って可愛らしく「ミミちゃん」と呼ばれています。間違いなく川村の血を継いで、昌美ちゃんそっくりです。私たちは子宝に恵まれなかったけれど、義妹夫婦、姪夫婦、その子どもたちで川村ファミリーは健在です。

先日のお彼岸のお墓参りも賑やかにワイワイと行きました。どうか、安らかにお休みください。でも、困ったときには速攻で助けに来てくださいね。頼りにしています。大好きです！

仙台医療センターは、私の後任に東北大学病院麻酔科から吾妻俊弘先生が手術管理部長として赴任されました。

数少ないアンガーマネジメント（怒りの感情と上手くつき合う心理トレーニング）の有資格者で、細やかな神経と優れた麻酔技術で活躍されています。

吾妻先生は仙台在住なので医療スタッフは、安心していると思います。ただ、機械関係に詳しい方なので医療機器メーカーの人は泣いているかもしれませんね。

Ｎｏ2として赴任した金谷明浩先生は、私が部長時代に研修医の一人として出会っています。強い正義感と高いモチベーションはとても頼もしく、将来が楽しみです。

東北大学病院麻酔科からほかに数人の常勤、外勤も増え仙台医療センター麻酔科にも新風が吹き、新たなスタートが開始されていることはうれしい限りです。

私の赴任当初から助けてくれた鈴木広隆・朋子先生夫妻、渡辺洋子先生はもちろん、外部からの診療援助の麻酔科医の皆様もこれまで通り継続して協力してくれています。

私も月に数回は麻酔科医として手術室に入っていますが、今までの重責がないので一症例に全力を注いでいます。何しろ手術室の守護神の一人ですから。勝ちに行く麻酔を目標に頑張っています。

「今まで肩こりが激しくて大変だったけど、退任してからすっかり軽くなりました」

吾妻先生にそう言うと、笑って答えてくれました。

「その肩こり、そっくりそのまま私背負っています」

そして、私をずっと温かく見守って応援してくれるのが早津直子さんです。彼女は私より年齢はずっと若いのに、まるで姉のように気づかってくれます。本音で話せる数少ない人なので心から感謝しています。

盛岡は今、石割桜が満開です。週末にはポロを連れて散歩に行きます。厳しい冬を乗り越えて石を割って咲くその姿は、私にこれからも生きていく勇気と力を与えてくれると思います。

そして優しい春の光を浴びた桜の木漏れ日から「がんばれ！　バカヤロー」とあなたの口癖が聞こえてくるのを楽しみにしています。

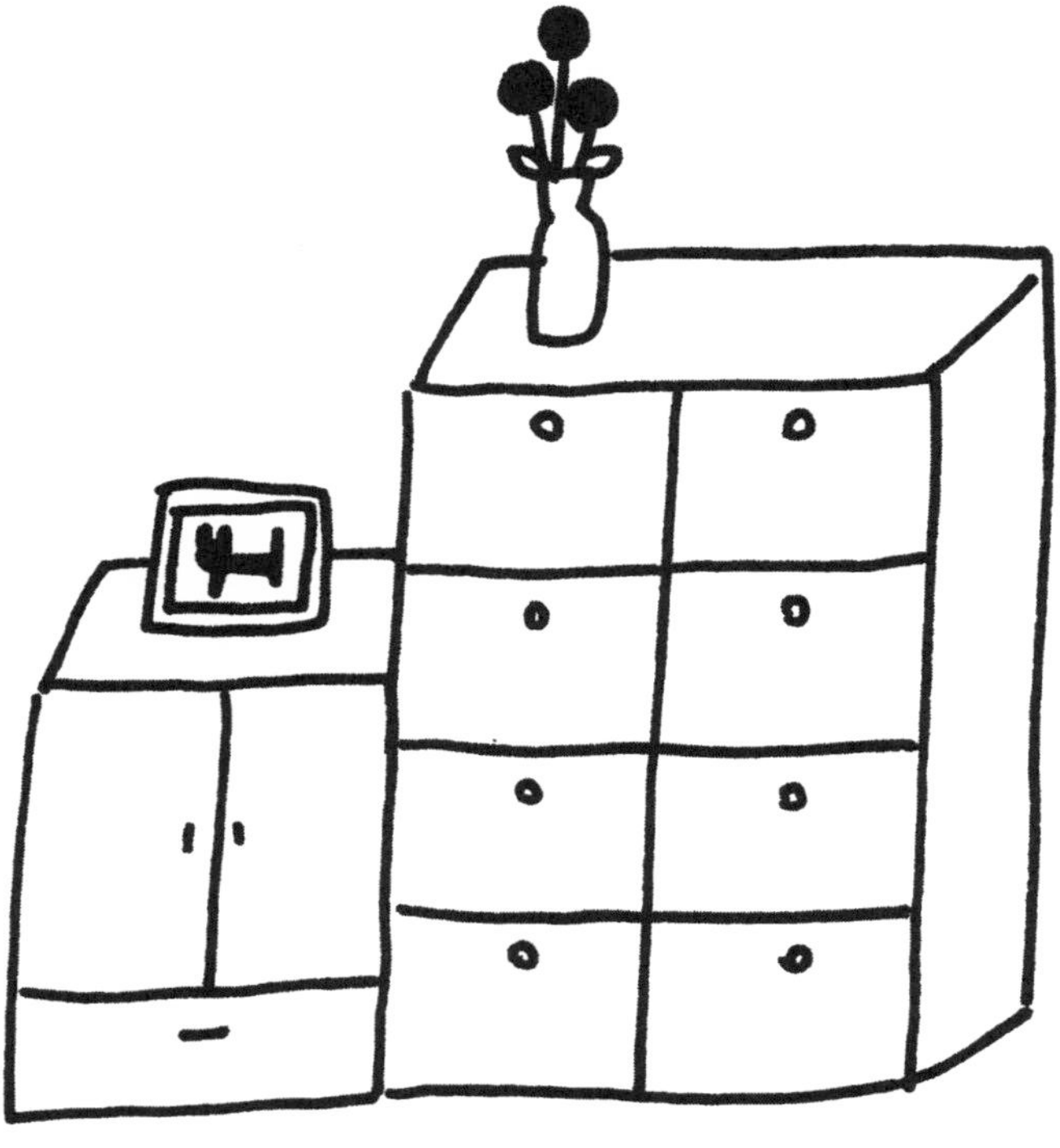

エピローグ

老健たきざわに勤務して約一年半、いろいろなことを学びました。学ぶ度に、もう少し早く知っていれば今は亡き夫をもっと長生きさせることができたのではないか、もっと快適に過ごしてもらうことができたのではないかという反省が湧き上がってきます。

残念ながら、人の死は突然やってきます。いつそうなってしまうのかは「神のみぞ知る」。

だから、突然、家族の死が訪れたとき、葬儀屋さんに言われるがまま、訳の分からないままに別れを告げていたりします。生きている人にとって、死はそれほど非日常的なことであり、心構えも何もしていないからです。

そんな死と同様に、突然、家族の誰かが脳血管障害で寝たきりや認知症になることも健康な人にとっては非日常の出来事です。そのため介護相談員やケースワーカーの手を借りることになります。

私が夫を介護したときもそうでした。だから、「多忙を理由に他人任せにしたのは本当に良かったのか？」と自問自答する日々が続きました。

ただ、今は高齢化社会です。訪れる可能性が高い〝その時〟のために、介護に関することを知ってもらいたいと筆をとった次第です。

もちろん、これで十分とは言えません。介護はもっと深い問題を抱えています。その一端を解決するのに役立てていただければ幸いです。

私は東日本大震災や夫との介護生活を経験して、ライフラインの重要性と身体的不自由がないことのありがたさを身をもって感じました。

大震災では命の尊さやはかなさを再認識し、文明社会において必要不可欠な水・電気・ガスなどの限りある資源の大切さを知りました。

介護生活では、普段何気なく行っている動作がいかに複雑な要素で成立っているか、何一つ無駄な動きがないことを思い知らされました。

歯を磨く、顔を洗う、服を着る、歩く、座る、そんな単純な動作を無造作にできることが、どれほど幸せなのかを痛感しました。

最愛の父や夫、愛犬との突然の別離など長い人生にはいろいろなことが起きます。特に、夫が急逝したときは心の傷がなかなか癒えず、しばらく失意のどん底にいました。

そんなときに、ある方からいただいた一冊の本があります。元曹洞宗管長・御誕《ごたん》生寺《じょうじ》住職（仙台）の言葉です。その中の一節が心に響きました。

「喜びも悲しみも、ただあるがままに受け入れる。過ぎたことを悔やんではいけません。明日の心配は、明日考えればいいのです。ただ、いま、この瞬間を大切にしてまいりましょう。人は、生きているだけ、素晴らしいのです」

今、幸せな自分があるのは過ぎ去りし人たちはもちろん、今も周りにいてくれる親戚・友人・知人のおかげです。

夫を亡くした寂しさは一生消えることはありませんが、心の奥底に秘めて感謝しながら生きていこうと思っています。


出雲の九九歳になる母が新型コロナウイルスの騒動を嘆き、感染させない・感染しないためにも帰郷を控えるように言ってきました。

「志村けんさんは七〇歳で亡くなられたからね。九九歳の私が感染したら致命的でしょ。だから、今はお互いに移動を控えましょう」

この状況でなくても、母はいつどうなるか分からない年齢です。できるだけ会いに行こうと思っていた私でしたが、電話ではっきりと戒められました。そのはっきりとした口調に、母は当分大丈夫だろうと安心しました。年は取っても、生命力は抜群です。

最後に、その母の面倒を陰日向に見て、見守ってくれている義妹・恵美子さんに心から感謝します。

また、前作『夫の介護が教えてくれたこと』に引き続き、協力していただいた早津直子さんにも深く感謝致します。

盛岡にて

発刊に寄せて1

私と川村隆枝先生との出会いは二〇一四年六月に遡ります。パンツスーツを着こなされたスマートな印象は今でもお変わりありません。その頃は仙台医療センターの麻酔科医長に就かれており、ご自身の著書が映画化され、先行上映会を議員会館で行ったことがきっかけでした。そのドキュメンタリー映画「救いたい」では、麻酔科医の主人公が患者を懸命に守り、東日本大震災からの復興に懸命に生きる人々の姿が描かれておりました。この映画から麻酔科医のお仕事、そして東日本大震災を忘れてはならないという事を、改めて強く感じさせられました。

そしてこの度は、介護施設「老健たきざわ」の施設長となられたご経験から「介護施設で本当にあったとても素敵な話」を記してくださいました。七〇歳を目前に新しい世界に飛び込まれた背景には、五年間の闘病生活を送られていた最愛の御主人を亡くされた事があったのでしょうか。御主人に対し、もっとできた事があったのではないかとの後悔の念、そして今は、介護施設長というお立場からのメッセージを沢山伝えて下さっています。

私には今年八七歳になる母親がおります。母は年齢のわりには元気ですが、いつ何があっても不思議ではない年齢です。今、母にできる事は何なのか、この本を通して改めて考えさせられましたし、何よりも、いま自分がすべき「介護予防」という事に気付かされました。日々の忙しさにかまけて身体のメンテナンスを怠りがちで、自分の健康への意識は後回しでした。介護のお世話にならないために今からできる事、また介護施設にお世話になった場合のお知恵も、この本から知ることができました。

川村先生は二年前、「野田先生の政治塾を仙台で開いてください。政治がいかに大切かを伝えたい。そのために私が汗をかきます！」と申し出て下さり、約一年の準備の後、お蔭様で出張政治塾を無事開催できました。「何かに取り組んでいないと気持ちが落ち込んでしまうから。」いつも前向きな川村先生が、あの時は少しお元気が無いご様子だった事を思い出しました。今振り返ると、御主人を亡くされて間も無かったのですね。川村先生はどんな時でも、先陣としてご自身のご経験から何を伝えていけるか、常にお考え下さる方です。お知恵が詰まったこの本を介護のバイブルとして、私も周りの方々に伝えていこうと思います。

衆議院議員　野田　聖子

発刊に寄せて2

本書は、著者である川村隆枝先生ご自身が、病に倒れたご主人の介護を献身的に行ってこられた実践経験と、医師としての専門的かつ包括的な視点からの知見を、「介護施設で本当にあったとても素敵な話」という書籍としてまとめたものです。

介護施設を楽園とするコツ、安らかな顔で過ごせることの大切さ、誰かがそばにいてくれることの重要性について熱く語ってくれています。そして、糖尿病、肝臓、腎臓、骨粗しょう症というものが、どれほど高齢者にとって気をつけなければならないことかを、医師としてしっかりと伝えようとしてくれています。

川村先生は、介護とテクノロジーの関係の重要性に気づかれており、私との関わりの原点にもなっております。

私は、革新的なサイバニクス技術を駆使して、内閣府FIRST「高齢社会を支える最先端テクノロジー」や、内閣府ImPACT「重介護ゼロ社会を実現する革新的サイバニックシステム」を主導し、基礎と実際を同時展開しながら、医療・介護分野の課題解決と研究開発成果の社会実装を推進してきました。

そのような活動が顕在化し、川村先生と出逢う機会を得ることとなり、「医療」、「介護」における「あるべき姿の未来」について、様々なお話をさせて頂くことができました。

本書には、随所に、個別の内容から全体を俯瞰する内容までが含まれています。本書を読まれる多くの人は、現在抱えている、あるいは抱える可能性のある「介護」について、それぞれの立場から捉えられていくことでしょう。

超高齢社会は介護社会と言っても過言ではありません。本書を通して、これからの「介護」のあり方が、さらに発展していきますことを祈念する次第です。

筑波大学システム情報系　教授
未来社会工学開発研究センター　センター長
サイバニクス研究センター　研究統括
サイバーダイン株式会社　代表取締役社長
山海　嘉之

70歳の新人施設長が見た
介護施設で本当にあったとても素敵な話

発行日　2020年11月2日　第1刷

著者　　川村隆枝

本書プロジェクトチーム
編集統括　柿内尚文
編集担当　池田剛
編集協力　洗川俊一、洗川広二
デザイン　原田恵都子（Harada+Harada）
イラスト　佐々木一澄
校正　東京出版サービスセンター

営業統括　丸山敏生
営業推進　増尾友裕、藤野茉友、綱脇愛、大原桂子、桐山敦子、矢部愛、寺内未来子
販売促進　池田孝一郎、石井耕平、熊切絵理、菊山清佳、吉村寿美子、矢橋寛子、遠藤真知子、森田真紀、大村かおり、高垣真美、高垣知子
プロモーション　山田美恵、林屋成一郎
講演・マネジメント事業　斎藤和佳、志水公美

編集　小林英史、舘瑞恵、栗田亘、村上芳子、大住兼正、菊地貴広
メディア開発　中山景、中村悟志、長野太介、多湖元毅
総務　生越こずえ、名児耶美咲
管理部　八木宏之、早坂裕子、金井昭彦
マネジメント　坂下毅
発行人　高橋克佳

発行所　株式会社アスコム

〒105-0003
東京都港区西新橋2-23-1　3東洋海事ビル
編集部　TEL：03-5425-6627
営業部　TEL：03-5425-6626　FAX：03-5425-6770

印刷・製本　株式会社光邦

Printed in Japan ISBN 978-4-7762-1107-5